[美国] 琳达 · 格林豪斯 著　何帆 译

美国最高法院

牛津通识读本 ·

The U.S. Supreme Court

A Very Short Introduction

译林出版社

图书在版编目（CIP）数据
美国最高法院 /（美）格林豪斯（Greenhouse, L.）著；
何帆译. —南京：译林出版社，2017.12（2019.12重印）
（牛津通识读本）
书名原文：The U.S. Supreme Court: A Very Short Introduction
ISBN 978-7-5447-7070-5

I.①美… II.①格… ②何… III.①最高法院－研究－美国
IV.①D971.262

中国版本图书馆CIP数据核字（2017）第227250号

著作权合同登记号　图字：10-2012-485 号

美国最高法院 [美国] 琳达・格林豪斯 / 著　何　帆 / 译

责任编辑　何本国
装帧设计　景秋萍
责任印制　董　虎

原文出版　Oxford University Press, 2012
出版发行　译林出版社
地　　址　南京市湖南路 1 号 A 楼
邮　　箱　yilin@yilin.com
网　　址　www.yilin.com
市场热线　025-86633278
排　　版　南京展望文化发展有限公司
印　　刷　江苏凤凰通达印刷有限公司
开　　本　635 毫米 ×889 毫米　1/16
印　　张　18.25
插　　页　4
版　　次　2017 年 12 月第 1 版　2019 年 12 月第 2 次印刷
书　　号　ISBN 978-7-5447-7070-5
定　　价　39.00 元

序　言

林　达

记得有一次朋友来聚会。我想起“美国人大多不认识联邦最高法院大法官”的说法，历史上的大法官，大概就更不认识了。我想测试下，就举起书里一张穿西装的照片，遮了名字，开玩笑地问：“这是谁？”我立即得到了毫不迟疑的答案：“厄尔·沃伦！”我特别奇怪，问他们为什么都认识这个人。一个朋友告诉我，在他们年轻时候，南方几个州的路边广告牌上，到处都是沃伦大法官的照片，大大的头像，下面写着：“弹劾厄尔·沃伦！（IMPEACH EARL WARREN！）”

我惊讶得说不出话来。

在这本《美国最高法院》里，提到了沃伦担任首席大法官时期，沃伦法院的一系列裁决，推动了南方的民权运动，并且引起争议。有了南方当时汹涌民意的真实故事做注脚，我觉得这实在太生动了。

什么是美国联邦最高法院的生命力？我想，它是法治国家的一个思想者象征，它是一个庞大国家身躯中，思考着的头脑。

联邦最高法院对一系列“地标案件”的裁决历程，就是一个大国如何循法理逻辑运作，如何从历史中一步步有逻辑地走过来、向前去的历程。哪怕有弯路，但是，一个国家的轨迹是不是有法治的逻辑、是否逻辑清楚，是一个重要的现代标志。

这样一个有意思而极关键的美国政府机构，要了解它，第一步就是了解它的基本来龙去脉和概况细节。“牛津通识读本”里的这本小册子是首选。它不仅是一本入门的基础读物，作者格林豪斯更是一位几十年的最高法院专家。她在吃透了联邦最高法院的历史、作用、与其他分支的关系、如何和美国社会互动等等后，再深入浅出地在介绍中融入自己的见解，令读者的阅读收获，远在一般性的泛泛了解之上。译者何帆，更是以法官和司法研究者的双重身份，在翻译本书的同时，为中国读者作了详尽的专业注释，使得本书的实质内容更为丰富。

美国的起源是英国殖民地，它是欧洲文明的延续。美国之前，欧洲多国已经上演了无数王朝更迭戏剧，这个漫长岁月的古代历程，从历史进步角度去看，经常是原地团团转：只是一个宫廷阴谋连接下一个宫廷阴谋。从古希腊古罗马开始，学者们已经开始寻求一条王朝治乱循环的破解之路，然而，权谋权术仗着权力，顽强抵御破解。千年重复上演的权力争夺故事，拍成电影可以很刺激好看，令社会进展缓慢或止步不前的事实，又着实令人沮丧。

相对于当时的全球“古代环境”，乾隆年间的美国制宪会议是一个清晰的现代制度设计，是一个首创。当然，也不可能是完美的。建国者们虽然想到需要一个联邦层面的司法分支，却并没有给联邦最高法院确立今天的功能。大法官们正是通过思考，给自己逐步定位。

最高法院只有九名大法官，并无执法力量，即便是联邦法的执法队伍，美国法警局（USMS），其实也归在行政分支手下。两百年来，随国家的地域、能力的急速扩展，立法、行政分支也水涨船高，日益权大势大；立法、行政分支，也有过对最高法院地位的不满；它们对大法官们的裁决，更是经常不以为然甚至愤愤然，三大分支在各种历史的磕磕碰碰之中。

但是纵观历史，最后，立法、行政两大分支，都没有以自己强大的实力和势力去摧毁这个制度构架。回顾历史，还是令人感叹：从总体上说，立法、行政两大分支，还是协助联邦最高法院确立了制约自己（总统、国会）的特殊司法地位，也就是协助确立了这个国家根深蒂固的宪政法治文化。

我一直觉得，公开大法官裁决的正方和反方意见、记录在案，是一个特别明智的决定。本书作者告诉大家，这样的做法并非理所当然，一些国家建立了宪法法院，却不容许公布反方意见。当一个人思考的时候，会从不同角度去权衡；大法官的正反两方意见书放在一起，正是看一个超级大脑的逻辑思辨过程。公开正反意见的设置，令国家在历史回顾的时候，看到逻辑的运行，即便是走错一段，也可以看到：当初是在怎样的思考下，才发生了历史偏差；法律文本和思维方式又有过怎样的陷阱。

例如1896年有关种族隔离著名的“普莱希案（Plessy v. Fergusson）”，南方州的律师强调了“分离且平等”的“平等”二字，以黑人和白人“平等”地各自拥有自己的设施，掩盖种族隔离的不平等实质。当时的最高法院的多数意见接受了这样的“平等”法律逻辑。这个案子是7:1的裁决，支持了南方各州的种族隔离地方法。只有来自肯塔基州的哈兰大法官（John

Marshall Harlan)，独自写下了长篇反对意见。也许正因为他来自南方，深知南方状况、能够预见种族隔离的种种恶果。虽然他的一票反对并没有起作用，但是，他的反对意见如同一粒种子，逐渐发芽、生长，终于在1954年破除种族隔离的“布朗案（Brown v. Board of Education）”中，取得收获。哈兰大法官几十年前的反对意见，成为布朗案审理和裁决中的一个有力背书。

当然，我们站在今天的立场上，很容易批评和评判大法官在历史上的失误。也有一些案例，当我们回顾的时候，其实已经不能真正复原当年大法官们所处的社会场景。许多关键案件，又和社会的背景条件密切相连。站在风平浪静的今天，我们很容易在无意中，简化当年的社会动荡冲突，也就无法理解当年大法官们判断权衡的困难。今天的批评，也有了“站着说话不腰疼”的额外轻松。简化有是非分明的扼要有力，但是再次面对复杂现实，却又少了一份可借鉴的历史教训。

裁决经常是复杂的。法律并非人们想象的一清二白、令行禁止，可以轻松对症下药。两百多年前的宪法，随时代演进，不断以修正案补充，也仍然是挈领提纲的大原则。法律需要面对千变万化的现实、突飞猛进的时代变迁。法律所保障的权利：个人权利与个人权利之间，个人利益与公众利益之间，都会有冲突。所以，即便有法律，也经常没有一个可以简单判定的清楚答案。更多情况下，这是一个权衡过程。

往“大”里说，是自由为先还是平等为先？多大的自由才是适度的？又如何在差异中寻求平等？如何在不同的自由要求、不同的平等要求中间权衡？当概念变成生活中的矛盾冲突，权衡常常很困难。再说，要是不困难的案子，也就不进联邦最高法院了。这是九名大法官经常作出5:4裁决的原因。经常，这不意味着裁决的“对与错”，它只是切入的角度、权衡的侧重不同。

要论“对错”，大法官当然也会错的。他们只是站在更不受政治和利益干扰、更超越的位置上作法律判断。但是，大法官也同样是身处历史局限中的人。

拉开历史距离，回头去看所有裁决的正反意见争论，一个国家的历史轨迹也就清晰地显现出来，它呈现一个国家各方面的观念演进：如种族问题，如何从奴隶制、种族隔离，到民权运动、平权法案、平权法案和多元化的关系，又如何引发各种争论、各方的理由又是什么。公开正反意见的历史记录，不仅令各方思考线索清晰，也使得民众可以通过案例回顾，理解自己国家在每一个历史节点，纠结在哪里，对在哪里，又错在哪里。社会因此走向成熟。

看几个案子，和看各专题案例的集合、看各专题在同一个时间点到达的位置、看顺着时间推进的专题和整体演变，感受完全不同。联邦最高法院的地标案件是一幅长卷，是一部有逻辑的社会史、政治史和法律思想史。它使得弯路和倒退，都没有白白支付代价，进步就相对坚实。

司法之外的行政和立法两大分支，都可能在一定程度上，出现脱离选民利益的权力考量和政治派别行为，总统更可能有为所欲为的冲动。相对而言，司法分支是一个孤独的另类存在，每一年，联邦最高法院选出对社会最具影响的近百个案例，以宪法为准绳，依法理推演，与政治无涉地作出裁决。一个个社会重大议题的判例，有逻辑地肯定和推动社会进步。令国家和社会，哪怕在惊涛骇浪中，也有一个更冷静的头脑在审视和思考，以努力挣脱政治漩涡，为取得实质进步竖立路标。

但是，这种进步的“推动”又是以一种似乎“被动”的方式进行的。大法官们并不主张按照自己对“进步”的理解，去过于积极地推动社会创新。正是这条界线，划开了一个危险地带：他们竭力不进入“卷入政治”的雷区，这是他们权威的来源。唯在确认某判例按照宪法，是历史性误判的情况下，才会主张推翻前例。否则，他们会尽可能恪守司法行规、尊重判例，以看似非常保守的方式，维护社会在宪法范围内运行。它的理想状态是水流向前，却波澜不惊。但在现实中，要如此平衡，却非常非常不容易。

以联邦最高法院为核心的法治文化一旦形成，看上去手无缚鸡之力的九位大法官，就有了无形力量。自此，行政、立法两大分支和联邦最高法院的矛盾、冲突，尤其是总统对裁决的各种怒火和不服，只能在合法范围内表达和抗争，而不必担心，总统会采取违法方式对抗。再狂妄的总统也有这个基本常识：联邦法庭裁决之下，如果必要，隶属总统行政分支的法警局，会向总统执法。制度设定，会及时启动。哪怕总统高为三军总指挥，也只能服法。并不是法官比总统大，而是法律和法治下的制度程序，高于所有政府官员的政治权力。大法官们正是以相对独立的姿态、专业的法律诠释、睿智的法学思想，来赢得和维持最高法院的信誉。

最高法院的裁决不是抽象理论，而是实实在在地进入民众生活。所以，在社会观念对立的时候，联邦法院、联邦最高法院也成为社会焦虑的汇聚点。大法官们的观念差异，对法的理解不同，会对社会的某个时间段，带来深刻影响。假设当年在“普莱希案”中，哈兰大法官对宪法的理解，能够被多数大法官接受，南方州的各色种族隔离就不会发生，南方历史和美国历史都可能改写，族裔冲突或许依然难以避免，但冲突的历史和现状，都可能和缓很多。

因此人们会想，既然联邦法官、最高法院大法官也是人，也有观念差异，为什么不认定一个和我的观念更接近的法官和大法官呢？虽然，法官们也经常中途改变自己的观念，但是，他们当然也可能维持自己的观念倾向。因此，民众很自然无法摆脱自己的焦虑。

这也可以解释，联邦最高法院在民众观念强烈对立时期的低民调率。因为不论是哪个方向的裁决，都会“得罪”一大批与裁决的观念倾向相反的民众。这样的焦虑其实并非今天才有，例如，回看书中提到的最著名案件，1803年“马伯里诉麦迪逊案”，大家的目光自然落在马歇尔大法官如何确立了最高法院的宪法解释权上，而常常不会进一步细想：此案正是来自两党对联邦法官的“午夜任命”和“反任命”冲突。也就是说，两百多年前，不同立场的双方民众，其实已经有了类似于今天对司法的焦虑。

所以，社会焦虑和反映到政治层面的冲突，都是难以避免的。反观历史，美国一路走来，风平浪静的年代是极少数，社会矛盾、尖锐冲突却是此起彼伏。因此，拉开历史的长度去看，也可以看到较为乐观的一面：民众焦虑的司法裁定中的观念侧重，虽然会带来一些历史弯路，从长远去看，还是会达到一个总体平衡。每个时代各不相同的政治风浪，并不能改变联邦最高法院两百年来的恒定特质。

看上去是一个奇怪关系：依据宪法，一个普通法界人士，经总统提名、参议院多数通过，成为最高法院大法官；而他一旦宣誓成为大法官，他就抽象为法的象征。他不会听命于送他进入这个位置的两大分支权力，他只听命于他所理解的法的精神、法的理论、法律实践积累的经验和逻辑。这也同样成为法治文化的一个基本常识。

所以，大法官终身制虽然备受争议，也并非没有作一定程度改革的空间，但它的优点也显而易见。行政分支官员们、立法分支的议员们，相对更容易被自己的选民绑架，可能有违心的观念偏离、有虚张声势的宣言。唯大法官们只需面对宪法，一旦进入最高法院，他们不需要争取选民，也不再需要官员认定、不需要任何人。他们只在意自己在历史中留下的印记。

回到沃伦大法官的故事。最后的结果是：今天，沃伦法院成为一个重要的历史里程碑，而当年种族隔离的南方，早已不再。这是我对联邦最高法院有无尽好奇心的原因，也是从长远去看，会对最高法院相对乐观的原因。今日喧哗，可能只是一时昙花，制度的生命力，在绵长历史中。

这也是我非常喜欢这本书的原因。

献给吉恩和汉娜

目 录

致　谢

最高法院专职摄影师史蒂夫·帕蒂韦，不吝时间，协助我挑选了本书采用的绝大部分图片。这是我得益于史蒂夫的专业热情的第二本书，再次向他致谢。感谢桑福德·列文森对本书初稿的意见。谢谢我的丈夫尤金·菲德尔，他也是我在法学院的同事，每章完成之后，他都作为第一读者通读全稿。我的编辑南希·托夫邀请我加入这一项目，并努力让我相信，在英语世界有许许多多好奇的读者想要更多地了解美国最高法院。我很高兴她做到了。

第一章

建院之初

“联邦司法权，由一所最高法院和国会因时设立的下级法院行使。”

透过联邦宪法第三条首句这段文字，制宪者们宣告了一座世人尚不熟悉的机构的诞生，这是一所有权审理因联邦宪法和法律“兴讼”的案件的国家级法院。但是，1787年制宪时，宪法对最高法院权限的实际适用范围，即最高法院相对于新政府另外两个民选分支的职能，界定得远不够明确。[①]围绕最高法院职能的争议，也一直延续至今。如今，被提名进入最高法院的候

① “另外两个民选分支”指立法分支和行政分支。在美国，Government指联邦政府，包括立法（国会）、司法（最高法院）、行政（总统）三大分支，而Administration只是政府的行政分支，也称执行分支（Executive Branch）。常有学界同仁将Clinton Administration译为“克林顿政府”，这种译法易造成误解，将立法、行政分支混同，较规范的译法似应为“克林顿领导下的行政分支”，或简化为“克林顿行政分支”。为严谨起见，本书将Government一律译作“政府”，Administration一律译作“行政分支”，也会出现“政府各分支”这样的表述。关于相关表述的差异，可参见林达：《总统是靠不住的》，生活·读书·新知三联书店1998年版。——译注，下同

选人，还经常会被参议院司法委员会①成员要求绝对不得以所谓“司法能动主义”的方式履行大法官职权。②

我没打算把这本书写成一部以叙述历史为主的作品。我的写作目的，是让广大读者了解当今美国最高法院如何运行。要实现上述目的，并不需要对最高法院的历史进行巨细靡遗的介绍，但是，了解这个机构的起源，将有助于我们理解，今天的最高法院究竟在何等程度上成为了自身历史的主导者。最高法院成
1 立伊始，就以界定自身权力的方式，填补了宪法第三条规定的空白。在此过程中，它也推翻了亚历山大·汉密尔顿在《联邦论》第78篇（《联邦论》共85篇，都是为呼吁公众支持对宪法的批准而作）中的预测：最高法院不能“影响枪杆子和钱袋子”，手头“既无武力，也无意志，除了判决，别无所能”，司法机关将被证明是“最不危险的权力分支”。时至今日，这一自我界定的进程仍在延续。

1781年，刚刚诞生的邦联通过的《邦联条例》，并没有创立

---

① 参议院司法委员会（Senate Judiciary Committee）：美国参议院内的常设委员会，共有18名成员。总统提名拟任联邦法官（含最高法院大法官）的人选后，由司法委员会组织确认听证会，对法官人选进行质询，然后决定这一人选是否交付参议院全体成员投票表决确认。司法委员会还负责人权、移民法、知识产权、反垄断法等事务。宪法修正案正式交付表决前，也必须先经过参议院司法委员会同意。

② 司法能动主义（Judicial Activism）：主要指法官在解释宪法、法律时，不受“遵循先例”原则约束，积极创制公共政策，试图以立法者身份推动社会发展，通常作为“司法克制主义”（Judicial Restraint）的对立面。1953年至1969年，厄尔·沃伦担任首席大法官期间，最高法院通过一系列里程碑判例，在维护堕胎和言论自由权利、取消种族隔离、保障刑事被告正当权益方面，全面推动了美国民权事业的发展，但也引发很大的社会争议。在当前美国的司法意识形态背景下，无论自由派大法官还是保守派大法官，都不愿意被别人指称为“司法能动主义者”。参见［美］克里斯托弗·沃尔夫：《司法能动主义：自由的保障还是安全的威胁？》，黄金荣译，中国政法大学出版社2004年版。

国家层面上的司法系统和行政分支。[①]（这一时期，全国仅有一家国家级法院，即捕获上诉法院，它的管辖范围仅限于捕获船只引发的纠纷。[②]邦联国会也有权设立解决各邦边界争端的特别法庭，但这样的法庭仅设立过一次。）与现在一样，那时各邦都有自己的法院系统。[③]这个新生国家的民众担心，一个拥有普遍管辖权的联邦法院系统，将威胁到联系本就松散的各邦主权。但是，对1787年那些齐聚费城，预备修订国家宪章的代表来说，缺乏一个国家级司法系统，正是这个权力过于分散的政府更为明显的缺陷之一。[④]

制宪会议迅速批准了弗吉尼亚行政长官埃德蒙·伦道夫关于建立一个三权分立的中央政府的提议，三权分别归属于：立法、行政和司法。伦道夫提出的“设立一个国家级司法系统”的提议也被一致通过。但是，各邦代表们的大部分注意力和精力，都放在争论并界定宪法第一条规定的国会权力和宪法第二条规

① 《邦联条例》（The Articles of Confederation）：美国独立战争期间，北美13邦组成战时联盟，合力对抗英国，却不愿有一个“中央政府”高高在上，所以制定了《邦联条例》这一介乎盟约和宪法之间的文件。它过于松弛、脆弱，不能适应维系联邦的需要，因此才有制宪会议的召开，会议发起者希望借此推动宪法的通过，建立一个中央集权的全国政府。最后才有所谓“伟大的妥协”，成立了联邦制国家。因此，美国的建国轨迹，应当是先有邦宪法，再有《邦联条例》，最后才是联邦宪法。参见尹宣：“《联邦论》汉语译本序言”，载［美］亚力山大·汉密尔顿、詹姆斯·麦迪逊、约翰·杰伊：《联邦论：美国宪法述评》，尹宣译，译林出版社2010年版。译者个人认为，该书也是国内最好的《联邦论》译本。

② 捕获上诉法院（the Court of Appeals in Cases of Capture）：在美国最高法院成立之前，它是1780—1787年间唯一的全国性法院，主要处理独立战争期间的海上捕获问题。

③ State一词，既可译为“邦”，也可译为“州”。在本书中，译者将联邦宪法1788年生效前彼此独立、各自为政的13个殖民地一律译为“邦”，各邦加入联邦后，则统一译为“州”。

④ 根据历史记载，1787年制宪会议最初的召开目的，只是要修订《邦联条例》，而不是制定一部新宪法。参见［美］马克斯·法伦德：《设计宪法》，董成美译，上海三联书店2006年版。

定的总统权力上。宪法第三条的核心条款不到500个字，完全是妥协的产物，这个条款留下许多悬而未决的重要问题。例如，代表们没有确定下级法院的职能，只笼统授权国会设立下级法院。就连大法官的具体数量也没有明确。宪法第三条压根儿没有
2 提到首席大法官这一职位，宪法仅（在第一条内）授予首席大法官一项特定职责：主持参议院对总统的弹劾审判程序。制宪会议就如何遴选最高法院成员的问题，进行了详尽讨论，最终决定这些人应经总统提名、参议院确认，方能任职。制宪代表们试图通过联邦法官“若品行端正，应终身任职”的规定，来保障司法独立。

可是，司法独立的目的是什么呢？代表们注意到，部分邦的最高法院在行使着司法审查权，宣布那些在法官看来违反邦宪法的立法无效。马萨诸塞最高法院根据该院对1780年马萨诸塞邦宪法的解释，通过行使司法审查权，宣布奴隶制在境内违宪。制宪之前，弗吉尼亚、北卡罗来纳、新泽西、纽约、罗得岛等地的法院，都行使过司法审查权，有时还引起过广泛争议。

尽管制宪代表们似乎认为联邦法院未来可以对联邦法和州法适用司法审查权之类的权力，但宪法第三条对这一问题，仍然语焉不详。它只是泛泛规定，联邦法院司法权的适用范围“延伸到由宪法、联邦法律、条约引发的一切普通法和衡平法案件”。随后，它明确列出了联邦法院有权审理的案件类型：两州或多州之间的案件；一州与另一州公民之间的案件；不同州公民之间的案件；“联邦为一方当事人的讼争”；所有涉及海事裁判权及海上裁判权的案件；涉及大使、公使和领事的所有案件；一州或其公民与外国政府、公民或其属民之间的

案件。

针对最高法院，宪法第三条专门区分了“初审”管辖权和 3
“上诉”管辖权。也就是说，对于州或外国外交官为一方当事人的案件，最高法院可以作为一审法院直接受理；其他所有案件则由下级法院一审，最高法院负责上诉审。由于下级法院一开始并没有设立，这样的区分标准，会令阅读宪法“司法条款”的人们非常费解。[①]这项区分的极端重要性，很快将在现实中得到印证。

宪法刚一通过，国会便迅速根据宪法第三条确定的框架，着手设立联邦法院系统。1789年《司法法》，也就是后人常说的“第一部《司法法》”，设置了两个审级的下级法院：13个地区法院，按州界划分管辖权，各院都配备专门的地区法官；3个巡回法院，分别是东部巡回法院、中部巡回法院和南部巡回法院。《司法法》没有为巡回法院提供专职法官岗位。每个巡回法院的案件都由两位最高法院大法官、一位地区法院法官审理，每两个开庭期轮换一次。这一制度要求大法官们“骑乘巡回”，在当时十分简陋的州际交通条件下，这无疑是一项繁重的负担，早期的大法官们对此深为憎恶。威廉·库欣大法官的太太汉娜·库欣抱怨说，她和丈夫简直成了“出差机器”。[②]尽管大法官们牢骚不

---

① 美国宪法第三条规定了联邦司法权及其适用范围，又被称为“司法条款”。

② 1790年代和19世纪早期，最高法院大法官们都不在华盛顿，而是住在各自家乡，如马里兰州或康涅狄格州。他们可能受命在某个地区审案，之后又得赶往另一个地区。当时负责南方巡回区的就是詹姆斯·艾尔德尔大法官，他住在北卡罗来纳州，却经常在佐治亚州、阿拉巴马州和密西西比州审案，大部分时间都在外奔波。那时公路还没有铺好，有时得乘轮渡从一个地方赶到另一个地方，有时得乘马车在雨后满是泥泞的路上颠簸，一天只能走几英里的路程。这些老人经常得住在肮脏的小旅馆里，吃着很差的食物。关于早期最高法院这段历史，可参见［美］伯纳德·施瓦茨：《美国最高法院史》，毕洪海等译，中国政法大学出版社2005年版，第15—33页。

断，巡回制度还是持续了一个多世纪，中间只经历过少许修正，直到国会在1891年《埃瓦茨法》中同意设置配备专职法官的巡回法院体系（也就是今天我们熟知的13个联邦巡回上诉法院）。

首届最高法院由一位首席大法官和五位联席大法官组成。[①]首席大法官约翰·杰伊出身于名门望族，本人亦是纽约著名律师，还是《联邦论》的执笔者之一。新成立的最高法院立刻开始界定自身权限。联席大法官当中，有三位曾是制宪会议的代表，他们分别是：来自南卡罗来纳的约翰·拉特利奇、来自宾夕法尼亚的詹姆斯·威尔逊，以及来自弗吉尼亚的小约翰·布莱尔。他们都对最高法院在宪法确立的“三权分立”体制中的地位有明确认识。（乔治·华盛顿总统后来又任命了两位参与了制宪会议的代表进入最高法院，分别是来自新泽西的威廉·帕特森和
4 来自康涅狄格的奥利弗·埃尔斯沃思。）

早期的第一个转折点发生在1793年，国务卿托马斯·杰弗逊代表华盛顿总统致函最高法院，希望大法官们帮忙解释1778年的《美法条约》，借此解决条约引发的一系列问题。公函列出了29个具体问题。当时，各州法官经常为总统出具所谓“咨询意见”，某些州至今仍这么做。但是，杰伊首席大法官和其他联席大法官认为，杰弗逊的这一请求超出了联邦法院的职权范围。在给总统的回函中，最高法院答复说：“宪法为政府三大部门设定的分界线——要求它们在某些方面互相制约监督——我们只是终审法院法官——上述界限可以作为有力依据，阻止我们逾越司法权限、作出答疑解惑的不当之举。”

① 联席大法官（associate justice）：最高法院大法官之间是平等关系，除首席大法官外，其他大法官都被称做联席大法官。

上述拒绝充当顾问角色的早期做法，确立起一项恒定法则：根据宪法授权，联邦法院只处理因对立当事人之间的争议引发的问题。不过，这项法则说来容易，用起来却很麻烦，最高法院在之后的两个世纪，一直在对它进行详细阐释。直到今天，联邦法院的“宪法第三条管辖权”的范围仍然存在很大争议。最重要的争议很简单：联邦法院的管辖权问题本来深植于我国的宪政源头，最高法院却自己给出了答案。

1790年2月，最高法院大法官们在纽约市首度聚齐，当时纽约尚是我国首都。最高法院第一次会议在位于下曼哈顿地区的商业交易所（又称“皇家交易所”）大楼内举行，那里也是最高法院1935年在国会山上拥有属于自己的办公场所之前，使用过的几个办公地点之一。 5

在纽约待了一年后，最高法院又迁往费城，起初位于州议会大厦，随后搬入新建的市政厅。在那里，大法官们与当地市政法院共用一个办公地点。九年后，也即1800年，最高法院随中央政府其他部门一并从费城迁至新都华盛顿特区。之后135年间，最高法院都在国会大厦内办公。1800年，总统和国会都已搬进自己的办公场所，最高法院名下却没有任何不动产，直到将近20世纪中叶才找到安身之处。这一点充分说明，以最高法院为首的司法分支，一开始并没有与另外两个分支平起平坐。最终还是得靠最高法院赋予自己对宪法的主导权，才争得地位上的对等。 6

起初，最高法院想要成为显要部门的前景似乎遥不可及。在最初两个开庭期，1790年2月和8月，这个机构几乎无事可做。第一个开庭期之后一年，最高法院终于受理了第一起案件，但是在正式开庭之前，双方当事人就和解了。六个月后，1791年8

图1　老商业交易所大楼。又称皇家交易所，是最高法院第一个办公场所。1790年2月2日，最高法院在这座位于下曼哈顿地区的大楼首度召集

月，最高法院受理了第二起案件，一起因商事纠纷引发的上诉。大法官们听取辩论后，宣布因上诉程序违法，不会就本案作出判决。直到1792年，最高法院才正式开始发布判决意见。

早年间，由于对联邦重罪拥有初审管辖权，巡回法院的案件数量与日俱增，大法官们作为巡回法院法官，审判任务极端繁重，疲于奔命。巡回期间，大法官们逐步总结出一些关于联邦法律与司法管辖权的重要法则。较典型的例子是1792年的“海本案”。当时，新实施的《残疾抚恤金法》指派巡回法院行使抚恤金委员会的职能，处理独立战争伤残老兵的抚恤金申请事宜。身兼巡回法官职责的大法官们，拒绝行使这一新被赋予的司法

管辖权。这里存在的问题是，法官关于老兵是否应获得抚恤金的决定，都要接受战争部长审查。大法官们认为，行政分支这种多此一举的审查行为，将使法院之前的决定沦为一种非司法行为。负责三家巡回法院审判事务的大法官们分别致信华盛顿总统，阐述了他们不能接受指派的原因。“这样的修正与操控［原文如此］在我们看来与宪法赋予法院的司法权的独立性完全相悖。”负责中部巡回法院审判事务的詹姆斯·威尔逊和约翰·布莱尔大法官在信中解释道。总检察长①上诉到最高法院，但是，大法官们听审后，并没有作出裁判，因为在此期间，国会已修订了这一激起众怒的法律条款。那么，“海本案”算得上最高法院首次判定国会立法违宪的案件吗？不算，因为从形式上讲，法院并没有发布正式判决。不过，这次争议受到广泛关注，公众也据此深信，大法官们清楚了解宪法划定的司法管辖权边界，并将成为 7
这一边界的忠诚守护者。

第二年，最高法院判处了一起被普遍认为是建院之初极为重要的案件。1793年，这起名为“奇泽姆诉佐治亚州案”的案件的判决迅速激起强烈反弹，直接导致“权利法案”包含的十条宪法修正案通过之后，又一条新的修正案被批准。②此案起因是，南卡罗来纳一名商人为追讨佐治亚州在独立战争中欠下的债务，起诉了

① 总检察长（Attorney General）：美国国会根据1789年《司法法》设立的职位，最初负责联邦政府所有在最高法院的检控和诉讼事务，并答复总统或其他内阁成员的法律咨询。1870年，国会设立司法部后，这一职位的职责也进一步扩充，多被译为“司法部长”。在本书中，司法部设立之前任此职者，统一译为“总检察长”，司法部设立后任此职者，统一译为“司法部长”。

② “权利法案”：美国宪法第一至第十修正案。美国宪法通过后，不少人认为宪法对个人权利尚缺乏明确的保障，在托马斯·杰弗逊的推动下，詹姆斯·麦迪逊牵头起草了相对独立的“权利法案”，“权利法案”于1789年9月25日获得国会通过，1791年12月15日生效。

后者。原告根据宪法第三条关于最高法院管辖一州与其他州的公民之间的讼争的规定，直接向最高法院提起诉讼。最高法院驳回了佐治亚州关于自己是主权州，可以自动豁免于未经其同意的诉讼的说法。由于佐治亚州拒绝出庭应诉，最高法院进行了缺席裁判。

按照传统，位于多数方的五位大法官（另有一位大法官持异议意见）分别发布了单独意见。这些意见共同组成一份带有强烈国家主义色彩的判决。“根据合众国立国宗旨，佐治亚州不是一个主权州。”威尔逊大法官写道。不出所料的是，各州都对事态的发展感到惊讶，两天之后，就有人提议专门制定一条宪法修正案，以推翻最高法院的判决。1798年，宪法第十一修正案获批通过，宣布联邦法院的司法管辖权“不得被解释为可延伸到”由某州公民针对另一州提起的诉讼。尽管修正案白纸黑字似乎说得很明白，但是，州豁免于诉讼的范围问题远没有得到解决，相关争议直到今天仍然存在。[①]

① “奇泽姆诉佐治亚州案”：1777年，佐治亚州为了向驻扎在塞芬那地区的部队提供补给，购买了超过169 000美元的物资。南卡罗来纳州一名商人还未收回货款，就撒手人寰，他的遗嘱执行人奇泽姆为追回债务，起诉了佐治亚州。提交至最高法院的待决问题是，对于南卡罗来纳州居民针对主权州佐治亚州提起的诉讼，联邦法院是否有司法管辖权。在任的五位大法官以4票对1票判定，州可以作为联邦法院的被告。多数方判定，联邦法院的司法管辖权不仅源自国会在《司法法》中的授权，还包括宪法第三条关于司法权延伸至“一州与另一州公民”之间的讼争的规定。佐治亚州试图以英国普通法中的“主权豁免原则”，对抗奇泽姆的起诉，但被最高法院驳回。首席大法官杰伊在判决意见中解释说，在民主的美国，不存在什么主权豁免。那种诸侯享有主权、人民皆是臣属的学说，完全是陈腐思想的余毒。在美国，主权属于人民。与英国不同的是，“美国人共享主权，彼此平等”。各州当时都负债在身，有些还面临破产威胁，“奇泽姆案”的判决当然不受它们欢迎。1793年2月20日，距最高法院宣判仅两天，马萨诸塞州议员西奥多·塞奇威克提议修改宪法，剥夺联邦法院对以一州为被告的案件的管辖权。为推动上述提议，对“奇泽姆案”的批判之声渐起，两年之后，宪法第十一修正案获批通过。这条修正案取消了联邦法院对外州居民作为原告起诉一州的案件的管辖权，但只字不提普通法中的“主权豁免原则”。修正案正文并没有禁止（其实根本就没有提及）一州居民为维护联邦法律创设的权利起诉本州。

1795年，曾竞选纽约州州长失利的首席大法官杰伊，在最高法院任上当选为州长后，辞职赴任。纽约一家报纸盛赞此举，将首席大法官当选州长称为“升迁”。华盛顿提名来自南卡罗来纳的约翰·拉特利奇接任首席，拉特利奇早先曾被任命为联席大法官，但还未正式开始工作，就辞职转任南卡罗来纳州最高法 8
院首席大法官。[①]这一次，拉特利奇欣然接受了总统的“休会任命”，可是，参议院没有批准他出任大法官。[②]不过，拉特利奇的确于1795年8月12日至12月15日期间在任，所以，他仍被视为美国第二任首席大法官。

华盛顿随后提名在任联席大法官威廉·库欣出任首席，参议院很快批准。但库欣却以健康状况不佳为由拒绝了任命。总统又提名来自康涅狄格的奥利弗·埃尔斯沃思，这次终于成功了。第三位首席大法官于1796年3月履任，1800年12月15日因健康原因请辞。约翰·亚当斯总统邀请约翰·杰伊回原岗位工作。但此时已经担任两届纽约州州长的杰伊却拒绝履职，说他“完全确信”联邦司法系统存在根本“缺陷”，也无法“获得公众对本国司法最后一道救济途径所应有的信任和尊重”。

① 华盛顿决定首任首席大法官人选时，约翰·拉特利奇也是候选人之一，他与约翰·杰伊都是制宪元勋，政治资历也不相上下，对首席大法官职位志在必得。但是，考虑到总统本人、国务卿托马斯·杰弗逊、总检察长埃德蒙·伦道夫全部来自南方，再提名一个南方人出任首席大法官不太合适，华盛顿最终还是选择提名来自中部的杰伊。拉特利奇为此深受打击，进入最高法院后亦郁郁寡欢，当家乡的最高法院邀请他出任首席大法官后，他欣然接受，辞去了联邦最高法院大法官的职位。参见［美］伯纳德·施瓦茨：《美国最高法院史》，毕洪海等译，中国政法大学出版社2004年版，第16页。

② 休会任命（Recess Appointment）：1795年夏天，杰伊辞职后，华盛顿在国会休会期间，任命拉特利奇为首席大法官。由于没有得到国会批准，这只是一项临时性任命。然而，由于拉特利奇曾在一次演讲中，严厉批评过杰伊参与磋商达成的美英《杰伊条约》，再加上被怀疑患有精神疾病，参议院最终否决了对他的提名。不过，他在历史上仍被视为第二位首席大法官。他的画像今天仍悬挂在最高法院院内。

正是在这样的不利背景下，约翰·亚当斯提名自己的国务卿约翰·马歇尔出任第四任首席大法官。①马歇尔是弗吉尼亚人，曾在独立战争中浴血奋战，时年45岁，至今仍保持着最年轻的首席大法官的履职记录。（第二年轻的是小约翰·罗伯茨，2005年履任时才50岁。）马歇尔是全国知名的人物，在推动弗吉尼亚批准宪法过程中发挥了重大作用，还曾赴法国执行重要外交使命。马歇尔的父母有15个子女，他排行老大，这或许可以解释他与生俱来的领导才能。马歇尔时常被人误以为是美国第一位首席大法官。这个错误完全可以理解。1801年2月履任后，他在首席任上一干就是34年，直到1835年7月6日去世。他逝世时，最高法院已完成重大转型，不再是跟在另外两个政府分支后面亦步亦趋的异父姊妹。马歇尔于1801年3月4日主持了托马
9 斯·杰弗逊的总统宣誓就职仪式，然而，让杰弗逊失望的是，马歇尔领导下的最高法院秉持强烈的国家主义理念，并积极适用宪法，利用自己在宪法解释上的权威地位来推行这一理念。②

1803年2月24日宣判的“马伯里诉麦迪逊案”，是马歇尔法院最广为人知的案件，也是最高法院历史上最著名的案件之一。
10 当时，马歇尔才履任不久。这起案件之所以发生，要归因于1800

① 1801年1月20日，亚当斯总统提名马歇尔出任首席大法官，当时，他正与杰弗逊角逐总统之位。不到一个月时间，也即1801年2月17日，杰弗逊在大选中战胜亚当斯，当选为美国总统。

② 杰弗逊与马歇尔虽是弗吉尼亚同乡，但马歇尔在1796年大选时，曾拒绝支持杰弗逊，1797年的“XYZ事件”中，马歇尔又揭露了法国政府的索贿行为和贪得无厌，让亲法的副总统杰弗逊十分难堪。所以，杰弗逊本人是非常不喜欢马歇尔的。关于美国国父们的政治理念之争，以及杰弗逊与马歇尔之间的恩怨，可参见［美］詹姆斯·西蒙著：《打造美国：杰弗逊总统与马歇尔大法官的角逐》，徐爽、王剑英译，法律出版社2009年版。［美］约瑟夫·埃利斯著：《那一代：可敬的开国元勋》，邓海平等译，中国社会科学出版社2003年版。

图2　约翰·马歇尔首席大法官。伦布兰特·皮尔绘制的这位第四任首席大法官的画像，至今仍在最高法院内多处悬挂

年大选后政权由亚当斯领导的联邦党人之手向杰弗逊领导的共和党人手中过渡时的紧张关系和混乱状态。联邦党人居多的法院系统，本来就被在大选中获胜的共和党人视为“眼中钉”，更何况由联邦党人主导的即将换届的国会，匆匆批准设立了42个新司法职位，供亚当斯总统在离职前数周内任命新人补缺。

马里兰州一个名叫威廉·马伯里的征税官得到一份“午夜”任命，拟赴哥伦比亚特区任治安法官。[①]参议院批准了对马伯里等数十人的任命。但是，要想正式履任，这些新被任命的法官还需得到一份委任状。然而，亚当斯行政分支卸任时，马伯里并没有拿到这纸公文。杰弗逊总统的国务卿詹姆斯·麦迪逊拒绝发出委任状。在联邦党人政治圈内十分活跃的马伯里直接向最高法院提起诉讼。他想申请到一份执行职务令状（writ of mandamus），这是一种命令对方交出委任状的司法指令。这似乎是一条唾手可得的救济途径，因为国会在1789年《司法法》中明确规定，公民可以针对某位联邦官员，直接向最高法院提出执行职务令状申请。

作为法律问题，此案结果似乎一目了然，但是，这起案件又高度政治化，使最高法院的权威受到挑战。麦迪逊极有可能无视法院将委任状交给马伯里的指令。最高法院应如何既维护法治尊严，又不与行政分支发生激烈对抗，避免从此长期处于弱势地位呢？

马歇尔的解决方式是，主张最高法院拥有这项权力，却没有直接行使。判决是以最高法院一致意见的形式发布的。最高法院统一发声，是马歇尔的新创举，判决不再由一系列单独的协同意见组成。最高法院判定，马伯里应当得到自己的委任状，但
11 最高法院不能勒令行政分支发出。因为宪法第三条赋予最高法院的“初审”管辖权，并不包括发布执行职务令。法院认为，国会在《司法法》第十三节中规定最高法院可以直接受理像马伯

① 亚当斯卸任前，即将换届的参议院匆匆批准了对42位治安法官的任命，由于任命赶在夜间进行，后人讽刺这批法官是“午夜法官”。

里申请执行职务令这类初审案件，这是违反宪法的，最高法院不能发布这类执行令。判决使最高法院得以在政治动荡时期远离纷争；因为没有发布执行令，杰弗逊行政分支也无从抱怨。当然，判决的重要意义，在于最高法院主张自己有权审查国会立法是否违宪。马歇尔宣布："决定法律是什么，是司法部门当仁不让的职权与责任。"此话在最高法院的历史上被不断援引，影响一直持续至今。最高法院貌似谦恭地放弃了行动的权威（authority），却为自己争得了重大的权力（power）。

这一权力的全部意义并没有立刻显现。事实上，"马伯里案"宣判后的第六天，最高法院就在首席大法官马歇尔缺席的情况下，回避了一场潜在的宪政对抗。在1803年的"斯图尔特诉莱尔德案"中，大法官们以5票对0票，维持了国会废除1801年《司法法》的决定。[①]一些历史学家认为，上述举措说明，最高法院不打算冒险试探，把自己刚刚自我授予的权力用得太满。最高法院第二次宣布国会某部立法违宪，已是半个多世纪之后。1857年的"德雷德·斯科特诉桑福德案"判决宣布《密苏里妥协案》无效，并判定国会无权废除准州实行的奴

① "斯图尔特诉莱尔德案"：本案由国会废除1801年《司法法》的决定引发，涉及两个宪法问题：（1）国会是否有权废除1801年《司法法》创设的巡回法院，进而剥夺相关法官的审判资格？（2）国会能否要求相关法官继续担任巡回法官？最高法院对这两个问题都持肯定态度，但没有正面回应质疑，避免了与共和党人占支配地位的国会和行政分支发生正面冲突。

隶制。①这个臭名昭著的判决，将国家往内战之路上推进了一大步，或许并非司法审查的最佳宣示。②但是，从此以后，最高法院不再像最初那么缄默克制。它先后150多次宣布国会立法违宪。

那么，当代最高法院如何行使它掌握的重大权力？案件如何来到最高法院？大法官们又如何选案，如何判决？大法官都是些什么人？他们是如何被选中的？这是本书余下部分要介绍
12 的内容。

① 准州（territory）：指尚未正式成为州，但已拥有本地立法机构的地区。英国退出北美后，空出大片土地，当时的邦联政府为避免这片土地成为各州争夺对象，先后通过《土地法令》和《西北地区法令》，规定可在五大湖区设立准州，并逐步使其过渡为州。具体要求是：任何一块土地上的成年男子达到5000人，即可成为准州，可以设立准州政府或准州议会，由邦联政府派法官或总督治理，一旦居民达到6万人，并通过本州宪法，就可以被邦联国会吸纳为新州。许多中文著作或美国宪法中译本将territory一词译为“领土”或“领地”，似与原意不符。关于准州与州的政治地位及变迁，详细论述可参见Peter S. Onuf, Territories and Statehood, in *Encyclopedia of American Political History*, edited by Jack Greene,vol.3(1984),pp1283-1304. 另可参见林立树：《美国文化史：民主与平等》，台湾五南图书公司2005年版，第16页。

② 关于此案详情，参见［美］斯蒂芬·布雷耶：《法官能为民主做什么》，何帆译，法律出版社2012年版，第四章“引发内战的判决：德雷德·斯科特案”。

第二章

最高法院如何运转（一）

如果哪位失望的当事人发誓“要把我的官司一路打到最高法院！”这样的威胁到头来多半是虚张声势。一个案子若想上诉到最高法院，会面临重重阻碍。有些来自宪法本身：宪法第三条将联邦法院的司法管辖权限制于审理“案件”和“讼争”，尽管之后我们也会看到，这些词的含义本来就不太明确。另一个障碍，内在于最高法院在联邦体制中的地位：最高法院通常不应审查州最高法院对本州宪法的解释。例如，最高法院不可能审查马萨诸塞州最高法院2003年根据州法作出的，承认同性恋者结婚权的判决，因为州法院在判决中解释的是马萨诸塞州宪法（此案即“古德里奇诉公共卫生厅案”）。（不过，州高院作出的解释联邦宪法的判决，的确属于联邦最高法院的司法管辖权范围。）制约案件送交最高法院复审的其他障碍，来自联邦法律。例如，国会立法对向最高法院提起上诉设定了严格的截止期限。

明显属于最高法院的司法管辖权范围，程序上也完全符合诉讼规则的案子，接下来还会遭遇或许是最难逾越的障碍：大法 13

官们的自由否决权。对绝大多数上诉法院来说，所有经正当程序提起的上诉，都必须审理；与之不同的是，最高法院几乎能全权决定自己的待审案件表上的案子。[①]一年到头，大法官们批准受理的案件，只占提交上来的案件总数的1%。最高法院审理的上诉案件来自13个联邦巡回上诉法院、50个州最高法院，偶尔也来自其他法院，如军事司法系统最高层级的法院——美国军事上诉法院。还有个别种类的案件，主要是涉及选举权和重划选区的案件，是从专门的联邦地区法院直接上诉到最高法院的。[②]在2010—2011年开庭期，最高法院共收到7857件新的复审申请。加上上一开庭期累积的1209件申请，包括已批准受理，但还没来得及开庭审理的40起案件，最高法院共同意受理90起案件，并就其中78起发布了判决。

我可以选取新近几起案件为例，说明最高法院裁决的案件类型，以及大法官们如何审理这些案件。虽然并没有什么专门由最高法院审理的案件，但在特定时期内，最高法院审理的案件的**范围**却有典型性，被选中的案件可以大致均匀分成两大类。第一类是宪法解释类案件，当事人通常会主张某项联邦法、州法或政策违反了宪法相关条款。第二类案件则是申请大法官们判定某项联邦法律的具体含义或适用范围。这类案件的一个子类涉及联邦各机构的工作。［其实，还有第三类主要是各州之间的

---

① 待审案件表（docket）：由最高法院书记官制作的，载明某一开庭期最高法院将要审理的案件的一览表。对待审案件表的控制权，可以引申理解为最高法院大法官们的自主选案权。是否受理某个案子，完全由大法官们投票表决决定。九个人当中，只要有四位大法官同意受理，该案即可载入待审案件表内。

② 重划选区（redistricting）：有时又称“议席的重新分配”（reapportionment）。由于人口变动，众议院或州立法机关的选区应定期重新划定，以符合选举权平等（一人一票）的宪法原则。

诉讼——每年大概有一到两起，属于最高法院应行使“初审管辖权”的讼争。这些讼争大都是旷日持久的州界争端、州际水权之争中出现的新情况。最高法院往往会指派一名律师或退休法官作为“特别主事官”（special master）听取证词，并给出裁判建议。这一过程有可能持续好几年时间。][1] 14

宪法类案件

有的宪法类案件提出的是关系到三权分立的宪政框架类问题。例如，是不是每个政府分支都只行使专属于自己的权限，而不得行使属于其他分支的权限？国会，或总统履行职权时，是否可以为所欲为？近年的这类案件如：在州的“同情使用”法已经认可的情况下，国会是否有权禁止居民在当地种植或使用医用大麻？（最高法院在2005年的“冈萨雷斯诉雷奇案”[2]中给出了肯定性答案，这是对国会规制州际商事[3]权力的一种解释。）总统是否可以单方决定设立由军事委员会构成的审判系统，审理被作为“敌方战斗人员”

① 关于特别主事官的作用，可参见“美国诉阿拉斯加州案”。上世纪末，美国联邦政府与阿拉斯加州围绕该州北极沿岸富含油气的下沉陆地所有权之争持续多年。1980年2月，联邦最高法院委派J.基思·曼恩教授担任本案特别主事官，以听证会方式审查双方提交的诉状和证据，并撰写建议报告。1996年，曼恩教授提交了报告和结论。1997年6月19日，最高法院在“美国诉阿拉斯加州案”判决中支持了联邦政府的主张。

② “冈萨雷斯诉雷奇案”：加利福尼亚州于1996年通过法律，允许人们在医生的建议下，为医用目的种植、获得或使用大麻。此外，阿拉斯加、科罗拉多、夏威夷和华盛顿等九个州也制定了类似有“同情使用”内容的法律。加州两位使用大麻镇痛的脑瘤、脊椎病患者，在自家院内种植的大麻被联邦执法人员根据联邦《药物管制法》没收，两人据此提起诉讼。2005年，最高法院以6票对3票判定，联邦政府有权立法规制使用大麻的行为。

③ 州际商事：国会规制州际商事的权力，涉及对宪法“商事条款”中“商事”含义的理解。“商事条款”是指美国宪法第一条第八款第三项，该条款授权国会规制对外、州际和同印第安部落的商事，相当数量的联邦法律和条例是根据这一条款制定的。各州为防止联邦政府的规制权力过分扩张，进而干涉州内事务，多倾向于对“商事”的范围进行严格解释，与“商事”无关者，国会不得立法干涉。类似案件诉至最高法院后，大法官们也会通过对“商事”或“州际商事”的解释，判定国会是否有权立法规制某些州内事务。

扣押的非美国公民？（最高法院在2006年的“哈姆丹诉拉姆斯菲尔德案”中给出的答案是：不行。这起案件的判决虽然在形式上依据的是立法和国际公约条文，却富含尊重权力分立的意味。①）

更多情况下，宪法类案件会提出关于个人权利的诉求：第一修正案下的言论自由权、第四修正案下免受不合理搜查和扣押的权利、第十四修正案下受法律或政策平等保护的权利。那么，一个州立法学院给予少数族裔申请者适当优惠条件，是否侵犯了白人申请者受平等保护的权利呢？（最高法院在2003年的“格鲁特诉博林杰案”中给出的答案是：没有侵犯，因为这项政策是为促进教育多元化这一州的“紧迫利益”服务的。）宪法第二修正案中关于“人民持有和携带武器的权利”的规定，是否赋予公民个人基于自卫目的备枪于家中的权利？（最高法院在2008年的“哥伦比亚特区诉赫勒案”中给出的答案是：可以，并推翻了哥伦比亚特区控制枪支的法律。②）

① “哈姆丹诉拉姆斯菲尔德案”：“反恐战争”期间，涉及关塔那摩湾囚犯的案件之一。小布什行政分支为剥夺囚犯们向联邦法院寻求救济的权利，单方设立了军事法庭。在阿富汗战场上被俘的塞勒姆·阿曼德·哈姆丹被指控为本·拉登的司机，他在律师帮助下，挑战军事法庭的合法性。最高法院最终判定：未经国会批准，五角大楼不得单方设置军事法庭。同时，军方不得忽视《日内瓦公约》的存在，相关程序必须符合公约规定。此案详情，参见[美]杰弗里·图宾：《九人：美国最高法院风云》，何帆译，上海三联书店2010年版，第245页、第280—283页。

② “哥伦比亚特区诉赫勒案”：哥伦比亚特区1976年颁布了一项法令，规定除了现役和退役的执法人员，以及该法通过前已持有手枪者，特区居民一律不准拥有手枪；步枪、霰弹猎枪等其他武器也必须存放在家里，而且“必须上锁或分拆，子弹不能上膛”。保守派人士罗伯特·列维认为这部法令违反了宪法第二修正案，决定出资赞助合适的原告以诉讼方式挑战该法。2002年2月，包括迪克·赫勒在内的六名原告在联邦地区法院起诉了特区政府，随后又上诉到特区巡回上诉法院。2007年3月9日，上诉法院判特区政府败诉，判定禁枪令违反了宪法第二修正案。2007年11月，联邦最高法院受理“哥伦比亚特区诉赫勒案”，并于2008年6月26日，以5票对4票宣布：第二修正案保护的是个人基于传统的合法目的（如在家中实施自卫），拥有并使用枪支的权利，而且这项权利与持枪者是否参加民兵组织无关。关于本案详情及主要争议，参见东来、江振春：《从“持枪权”看美国宪法的解释》，载《读书》2009年第8期。

对于最高法院审理的这些宪法类案件，有许多可堪评论之处：首先，前面提到的几起判例，没有一个是以一致意见达成的，每个案子中都至少有三人投了反对票。所以，不管宪法的本意 15
是什么，各位大法官都会按自己的不同理解作决定，这也说明，对宪法的诠释远不是照本宣科那么简单。第二，许多宪法类案件，如法学院平权措施案，需要大法官们平衡各种相互冲突的利益，如白人原告要求得到的平等对待权，和州方面提出的实现受教育人群种族多元化的社会需要。[①]不同的大法官对相互冲突的利益作出的平衡也各不相同，这一过程必须考虑多重因素，远比在真空中简单判定某方诉求是否正当要复杂得多。宪法大部分内容经过长期演进，都包含不同宪法价值观的冲突，必须接受各类平衡原则的检验。[②]

第三，与早期的大法官们不同，当代最高法院的大法官们会

---

① 平权措施：也被译为“肯定性行动”或“纠偏行动”，是美国一种带有补偿性质的社会政策。根据肯尼迪总统1961年签署的总统第10925号行政命令及随后出台的一系列法案，凡是以前在美国社会因种族和性别原因遭受歧视的群体（如黑人、印第安人、拉美裔人、妇女等），在同等条件下有资格优先享受政府政策的福利。这些社会福利包括就业、入学、获得政府合同、享受政府补贴、争取奖学金，等等。这项政策受到保守派人士的激烈批评，认为在入学、招工上对少数族裔的优惠政策构成了对白人的“逆向歧视”，违反了宪法第十四修正案的“平等保护条款”。这里的“法学院平权措施案”，即前文提到的2003年“格鲁特诉博林杰案”，这起案件与“格拉茨诉博林杰案”同期审理，都是关系到高校招生中的种族优惠政策是否违宪的两起重要案件。李·博林杰是时任密歇根大学校长。本书第七章还将提到此案。关于此案详情及庭审细节，可参见［美］杰弗里·图宾：《九人：美国最高法院风云》，何帆译，上海三联书店2010年版，第192—201页。

② 平衡方法（Balancing）：有时又被称为“平衡检验”（Balancing Test）或“平衡原则”（Balancing Doctrine）。按照《美国法律辞典》的定义，平衡原则是指法院用来权衡案件中冲突利益的方法。这类方法最常运用于政府行为与宪法权利对立的案件。根据平衡原则，宪法保护的权利并非绝对，相反，有时公共利益比个人自由更重要。法官通过权衡利弊，确定政府权力何种程度上优先于宪法权利，从而令社会免遭实质损害。参见［美］彼得·伦斯特罗姆编：《美国法律辞典》，贺卫方等译，中国政法大学出版社1998年版，第316页。《元照英美法词典》对平衡方法的解释是：法院在权衡个人权利和政府权力或州权与联邦最高权之间的相关权益，尤其是涉及宪法问题时，使用的司法原则，以决定哪种权益占优势。参见薛波主编：《元照英美法词典》，法律出版社2003年版，第129页。

发现，他们很少与宪法发生正面冲突。相反，呈现在最高法院面前的宪法问题，大都包含在两个多世纪蓄积起来的层层先例内。当然，他们有时会用判决推翻先例。1954年的“布朗诉教育委员会案”判决将宪法第十四修正案的平等保护解释为禁止官方背景的种族隔离，推翻了延续58年之久的先例，即1896年的“普莱西诉弗格森案”[①]判决，后者认为只要“分离的”设施“平等”，官方隔离就是可以接受的。[②]但是，在绝大多数案件中，大法官会像淘金矿工一样，认真筛查既往先例，试图从中找到解决手头问题的答案。最高法院的判决意见都不是凭空起草的。多数意见会大量援引最高法院既往先例，意见撰写者会参照先例阐述判决理由。最高法院长久以来时常处理的案件领域中，各类判决结果通常都有先例提供言之成理的支持。

2008年的哥伦比亚特区禁枪案是个例外。令人啧啧称奇的是，最高法院过去从未就宪法第二修正案发布过权威解释，所以，关于特区禁止个人持有手枪的法律是否违宪的问题，之前并

① “普莱西诉弗格森案”：1896年，最高法院在这起案件的判决中宣布路易斯安那州采取的种族隔离措施，并未侵犯宪法第十四修正案规定的“受法律平等保护的权利”。案件当事人霍默·普莱西是位拥有八分之一黑人血统的美国公民，他因在路州踏入白人专用车厢而被捕。普莱西上诉辩称，相关法律违反了宪法平等保护条款，但最高法院却以7票对1票宣布州法合宪。亨利·布朗大法官主笔的判决意见指责普莱西的诉求是无稽之谈，认为他这么做，是把“种族隔离措施看做为有色人种贴上了低劣阶层的标签”。“普莱西案”判决赋予了“隔离但平等”的种族歧视措施合法性。

② “布朗诉教育委员会案”：1950年代，美国许多州和哥伦比亚特区的学校都实施“隔离但平等”的种族隔离措施，黑人学生不得与白人学生同校就读。1951年，堪萨斯州托皮卡市的奥利弗·布朗代表自己八岁的女儿起诉该市教育委员会。原因是，他希望女儿能在距家五个街区的白人学校就读，而不是到离家21个街区的黑人学校读书，但是，布朗的请求遭到白人学校和教委的拒绝。联邦法院审理此案后，认为两所学校基本设施条件相同，判布朗败诉。布朗随后上诉至最高法院。1954年，由厄尔·沃伦担任首席大法官的最高法院以9票对0票一致裁定，教育领域不适用“隔离但平等”原则，并宣布公立学校的种族隔离措施违反宪法。

无成法。当然，关于这一点，仅由一句话组成的宪法第二修正案也语焉不详：“保障一个州的自由，必须有一支管理良好的民兵，不得侵犯人民持有和携带武器的权利。”即使抛开冗余的标点，这句话仍然令人困惑：撇开“管理良好的民兵”这个语境，它对个人是否享有持枪权并没有给出明确说法。

安东宁·斯卡利亚大法官代表多数方五位大法官，约翰·保罗·斯蒂文斯大法官代表异议方四位大法官，围绕宪法第二修正案的文本和历史进行了激烈论战，并得出截然相反的结论。第二修正案保护的权利所属的“人民”到底是指什么人？按照斯卡利亚大法官的说法，“权利法案”在维护个人权利时，“人民”的范围都是一样，如第一修正案中“人民和平集会的权利”。斯卡利亚认为，第二修正案将自卫权视为一种“事先存在”的法律权利。斯蒂文斯大法官则认为，第二修正案提到的“人民”指在各州民兵组织中服役的人员，这是个集体享有的权利，仅属于现役军人。在如何理解“携带武器”的问题上，双方也存在分歧。斯蒂文斯大法官认为这种表述是专属于军事领域的习惯用语。斯卡利亚大法官则认为根本不存在这样的限制，这个短语指的是更一般的自卫。

异议方四名成员之一，斯蒂芬·布雷耶大法官尽管在斯蒂文斯的异议意见上签了名，却提出了另一条替代思路，他称之为“侧重务实”的思路。他提出的问题是，哥伦比亚特区禁枪法的立法意图到底是什么？这个立法意图与第二修正案制定者打算保护的利益又有何关联？布雷耶大法官认为，特区的立法目的，是想在人口稠密的都市环境下，维护公共安全。他提到，在殖民地时期，美洲殖民地许多大城市基于同样的目的，纷纷立法限制私人家庭储存容易引起火灾的火药。尽管马萨诸塞宪法允许“人民……享有持有和携带枪支进行日常防卫的权利”，波士顿仍严格禁止携带装填弹药的枪支进入“任何住宅”或“波士顿市区内任何其他建筑”。布雷耶的结论是，即便第二修正案维护的是个人权利，制宪者仍设定了一些例外，特区禁枪法的规定符合最初的立宪意图。

关于第二修正案的这个案例说明，大法官们适用了多种方法解释宪法。就像这起案件展示的，尽管文本解释方法和历史解释方法通常被优先适用，但这两种方法都没能提供一个确定性答案。斯卡利亚大法官在1997年出版的《事关解释：联邦法院与法律》一书中，将自己描述为“文本主义者”和“原旨主义者”，坚信解释宪法条款的唯一正当基础在于制宪先贤的原始意图。他警告说：“如果法院可以任意赋予宪法新的含义，他们的确会将宪法改写成多数人期望的形式……我们本想让宪法千秋万代、无所不能，结果却可能导致宪法一事无成。”[①]

布雷耶大法官则倡导“实用主义”的解释方法，反对“宪法本身就可以很好地为今天的人民服务”的笼统说法。他在2010年出版的关于宪法解释论的《法官能为民主做什么》一书中写道：“最高法院解释宪法时，对条文内容、适用的理解，不能局限于起草宪法的时代，而应认为宪法蕴含一些永恒的价值观，必须

---

① 该书中译本已由最高人民法院黄斌博士译出，即将由中国法制出版社出版。2012年，斯卡利亚大法官又与布莱恩·加纳合著了一本新书，全面阐述了自己的法律解释立场，并回应了布雷耶大法官在《法官能为民主做什么》一书中对自己的批评。此书即*Reading Law: The Interpretation of Legal Texts*（West, 2012）。

被灵活运用到不断变幻的现实中去。”① 18

法律类案件

乍看起来，大法官们解释法律似乎更容易一些，但是，最高法院受理的法律解释类案件所带来的挑战，与宪法解释类案件是一样的，相关争议也涉及基本的解释方法之争。

如果某项法律内容足够明确，它或许不会成为最高法院审理的案件。但是，很少有法律能单凭条文本身，解决可能出现的一切问题。国会可能无法预测适用法条的全部情形。或者，通常情况下，对法律适用的前景，立法机关不愿意考虑得那么细。又或者，若想预见到法律适用过程中面临的所有问题，需要某一方在立法时作出太多妥协。因此，国会也非常乐意让法院去填补法律空白。毕竟，与宪法判决不同，如果国会认为最高法院判决有误，可以发布新的法律，推翻后者确定某项法律含义的判决。

《美国伤残人士法》就是一个典型例子。这部重要的民权法律禁止对伤残人士的歧视，自1990年制定以来，已经成为数十个法院判决，包括最高法院几个重要判决的对象。这部法律的禁止性规定大多数是明确的，但是，“伤残”如何界定？国会只提供了比较粗略的定义：“（A）身体或脑部受到的损害导致其一项或多项主要日常行为实质性地受限；（B）有过这类损害的记录；或者（C）被视为受到过这样的损害。”平等就业机会委员会

① 该书已有中译本，即［美］斯蒂芬·布雷耶：《法官能为民主做什么》，何帆译，法律出版社2012年版。该书第十三章专门讨论了最高法院大法官们在“华盛顿禁枪案”中的争议。

作为执行这部法律的联邦机构，相应地发布了一项规章，将“主要日常行为”界定为包括“诸如自我照顾、动手、行走、看、听、说话、呼吸、学习、劳动的功能”。

19 一个问题很快出现了：如果某人的身体条件符合上述界定之一，但症状可以通过药物或医疗设备缓解呢？按照这部法律，这个人是否还算伤残人士？如果算，是处于矫正状态还是未矫正状态才算？法律和行政规章都没有给出答案。两位视力有缺陷，但完全可以矫正的女士，因为被拒绝招录为飞行员，根据《美国伤残人士法》提起诉讼。她们诉称，既然自己因为视力问题没能成功应聘，就应当被视为伤残人士，进而得到免受就业歧视的保护。最高法院在1999年的“萨顿诉美国联合航空案”判决中指出，这些女士戴上眼镜后，从事任何主要日常行为都不再受限。最高法院判定，国会的立法意图，是将这部法律的适用范围限制在“那些通过矫正措施仍无法缓解所受损害的人”身上。还有一个患有高血压症，但已通过药物控制血压的人，因雇主知道他患高血压的情况，丢掉了商业运输货车司机的工作。他提起诉讼，声称自己受这部法律保护。但最高法院在1999年的“墨菲诉联合包裹服务公司案”中，驳回了他的诉讼请求，判决理由与之前一样：经过药物治疗，这名卡车司机的主要日常行为能力并没有受限。最后，面对大批类似的个人诉讼请求，最高法院打算作一个更有普遍法律适用意义的澄清。在2002年的“丰田汽车工业公司诉威廉姆斯案”中，大法官们驳回了一位女士的诉讼请求。这位女士因患腕管综合征，动手能力受限，丢掉了在装配线上的工作。最高法院认为：“调查的核心必须是，申请人是否无法完成绝大多数人日常生活中的那类核心行为，而不是她是否无法完成与她从事的具体工作密切相关的行为。”

值得一提的是，前两个判决并不是由一致意见达成。在近视患者报考飞行员案中，斯蒂文斯和布雷耶两位大法官都发布了异议意见。他们认为，最高法院居然认为“个人通过特定方式克服生理或智力限制，让自己变得更符合任职要求时，反而不存在对他们的法律保护”，这简直是“违反常理的结论”。两位大法官认为，《美国伤残人士法》的立法目的，是纠正一种普遍 20
性的歧视，最高法院不能狭隘地理解这部法律，而应当依循“常用的法律解释准则，对救济性立法作出扩张性解释，以实现立法意图”。

伤残人士诸案展示了大法官们在法律解释方法上的冲突：第一种方法，是想将手头的案子准确对应于法条的明确规定；另一种方法，则后退一步，试图根据国会最初的立法意图解释法律。要想确定立法意图，通常需要查询立法时的历史文献——国会的辩论记录、相关委员会的听证会记录、委员会的报告、参众两院的最终报告。正如最高法院的异议意见方在“伤残人士案”中所指出的，《美国伤残人士法》的立法文献明确说明，一个人是否属于伤残人士，要以他未矫正的状态为判断依据；例如，一个丧失听力的人，无论他能不能靠助听器解决问题，都应被视为听这一主要日常行为受限的人。

布雷耶大法官认为，法院应像“工作搭档”那样，充分利用手头掌握的文献，帮助国会实现立法意图。相反，斯卡利亚大法官坚决反对援引立法历史文献，因为他认为这些材料根本靠不住，而且容易受国会工作人员“操纵”。他认为，与其猜测立法隐含的目的，法院不如直接根据国会制定法律时的明确用语判案。其他大法官则认为，至少在某些情况下，立法历史的文献可以作为提供参考的手段。

行政机关

随着整个国家日趋行政化，最高法院时常需要处理关于行
21 政机关是否恰当履行了法定职责的问题。近年引人瞩目的案件，主要集中在环保政策纠纷，以及关于环保法律实施状况的纠纷方面。尽管《空气洁净法》和《水源洁净法》已有数十年历史（早至1970年代），围绕这些法律的争议，仍然是最高法院的稳定案源。

如果适用于某个机构的法律就某项待决问题的规定比较模糊，最高法院通常会尊重行政机关在本职范围之内给出的言之成理的解释。但是，如果法律规定比较明确，最高法院会要求行政机关贯彻国会的立法意图。①

小布什总统执政后期，就发生过一起这样的案件：联邦环保署拒绝规制机动车排放二氧化碳和三种其他温室气体。联邦环保署驳回了一个环保组织联盟要求设定一套正式的规则制定程序，以规制与气候变化相关的"尾气排放"的申请。环保署的驳回理由是，根据《空气洁净法》，自己无权这么做，因为所谓温室气体并不是这部法律所指的"空气污染物"。马萨诸塞等州和

① "美国谢弗林公司诉国家资源保护委员会案"：最高法院在1984年的这起案件中确立了一项基本规则，澄清了法院应当在什么情况下尊重行政机关的法律解释。最高法院认为，如果相关问题的答案，在法律中已经有"明确"规定，法院没必要遵从行政机关的法律解释，而且，在解决问题时，也无须考虑行政机关说过什么。但是，如果答案并不清楚——例如，法律"没有规定或内容模棱两可"——法院应假设国会将解释法律的权力授予了行政分支，遵从（和支持）"行政机关官员对法律作出的言之成理的解释"。

一个环保组织就此提起上诉后，最高法院不同意环保署的理由，指出：《空气洁净法》“明确”将这类气体归入对“空气污染物”的“总括性定义”之内。最高法院在2007年这起名为“马萨诸塞州诉联邦环境保护署案”的案件中进一步指出，只有在基于科学而不是根据具体政策提供行为理由时，环保署才能拒绝行使规制权力。[①]（两年后，奥巴马行政分支发布了适用于汽车和轻型卡车排放的新标准。）

这起案件之所以值得注意，还有一个与行政法无关的原因。异议方四位大法官认为，最高法院无权裁决此案，因为起诉环保署的原告方没有起诉权，它们无法证明自己因环保署拒绝 22
出台规制措施的行为遭受任何实际损害。异议方据此判定，相关纠纷不属于宪法第三条规定的、符合管辖权要求的“案件”或“讼争”。

提到这个争议，我们又可以回到对最高法院和其他联邦法院的管辖权障碍的讨论。最高法院很多年来一直在解释“案件”和“讼争”的含义。最初，最高法院拒绝出具咨询意见。法院要求，必须存在对立双方当事人之间的实际纠纷，这个纠纷必须具备“可裁决性”，而不是基于某些事件假设出的情境。符合“案件和讼争”要求的关键，在于原告方必须具备起诉权，这包括三

① “马萨诸塞州诉联邦环境保护署案”：《空气洁净法》规定，联邦环保署应规制“危及公共卫生和福利”的“任何空气污染物”。法律把“空气污染物”定义为“任何导致空气污染的介质……包括释放到自由流通的空气中的任何物理、化学……物质……”。环保署解释称，法律条文中的“空气污染物”，不包括温室气体，但最高法院以勉强多数的投票结果，推翻了这一判断。法院未采纳行政机关的解释，宣布《空气洁净法》中的“空气污染物”包括温室气体。尽管法条中的“任何”一词（在“任何导致空气污染的介质”这段）含义的确模棱两可，但最高法院推定，国会未授权行政机关将可能导致全球变暖的气体排除在“污染物”之外。判决也充分说明，国会在关系到这类异常重要的政策性问题时，并不认可行政机关有自我决定的权限。

个要素。首先，提起诉讼一方必须已受到实质损害，或即将遭到损害——并非假设的损害，而是必须有具体的损害内容——必须是个体的，而不是与作为整体的人群共同遭受的。（这个要求取消了多数形式的“纳税人起诉权”；当人们对某项政策不满，或相信这个政策违宪时，无权单纯凭借“纳税人身份”提起诉讼。）第二，原告必须证明被告导致损害是由于违法行为或不作为。第三，损害必须是法院切实能够提供救济的。这三个要求常被提炼浓缩为：“实际损害、因果关系和可救济性。”

在“环保署案”中，最高法院多数方发现，多个原告中至少有一方，即马萨诸塞州，符合上述三项要求。该州面临着海平面上升造成沿海陆地消失的威胁（“实际损害”），机动车排气对全球变暖的影响至少越来越成为其中的原因之一（“因果关系”）。环保署加强规制，减少排气量，至少某种程度上可以缓解上述问题（“可救济性”）。异议方则指出，马萨诸塞州一个条件都不符合：损害之说完全是主观臆断；没有充分依据证明环保署的不
23 作为会导致损害；也不大可能由规制来补救。异议方总结说，这起诉讼根本不符合宪法第三条关于“案件”或“讼争”的要求。

很明显，像这样的管辖权问题属于当代最高法院中有争议的领域。从这起案件可以看出，关于司法管辖权的每项要求都可以有不同的解释。这些有争议的概念并非停滞不动。最高法院受理案件的标准时而放松、时而缩紧，标准的浮动往往反映了当时的大法官们审查其他政府分支行为的严格程度。司法管辖权问题看起来专业性很强，也很难把握规律，但它们却是透视大法官在特定时间段如何看待最高法院职能的不可或缺的窗口。

最后要说的是：由于最高法院的判决是以少数服从多数的

形式作出的，因此，大法官们在表达自己的个人观点时，仅以说服他人为限。这并不是说个人观点就不重要了。在一个正反意见势均力敌的最高法院内，一位大法官可以通过不投票给某一方，使其无法成为多数。但是，为了更积极地塑造法律，大法官需要盟友，通常得有四个人。而且，按照判决文书的格式要求，主笔者还必须陈述判决理由。一份最高法院判决，通常包括案情介绍、既往先例和法律依据，然后会列出判决理由，解释为什么通过此一而非彼一法律路径能推导出正确解决方案。上述任何一个步骤——串接对应事实、描述相关法律、选择最终裁判路径——都可能成为某个案件中的争议点，撰写多数方意见的大法官必须在上述所有三个方面说服多数人，才能使意见代表“最
高法院”。 24

第三章

大法官

成为一名最高法院大法官，并不需要满足什么正式资格条件。宪法要求担任参议员者年满30岁，出任总统者至少年满35岁并且是“出生于本土的公民”，但对大法官的任职资格却没有设定类似规则。理论上讲，任何人只要被总统提名，并得到参议院多数票确认，就可以成为最高法院大法官。然而，迄今所有进入最高法院的人都是法律人出身，虽然早年间的许多大法官都不是法学院毕业生，但按照惯例，他们都曾在法律专业人士的指导下“读过法律”。（最后一位没有受过正式法学教育的大法官是1941年进入最高法院的罗伯特·杰克逊，他在法学院仅待了一年，就成为纽约州执业律师。）

国会在第一部《司法法》中将最高法院成员人数设定为六人（一位首席大法官、五位联席大法官），随后又五度调整过大法官人数：1807年，调整为七人；1837年，九人；1863年，十人（第十个席位一直空着）；1866年，再次调整为七人；1869年，确定为九人，并延续至今。席位数量的变化，既出自对最高法院工

图3　2010年10月1日，在最高法院任职或曾任职的四位女性在艾琳娜·卡根大法官的就职典礼上合影。从右至左，依次为卡根、露丝·巴德·金斯伯格、索尼娅·索托马约尔大法官和退休大法官桑德拉·戴·奥康纳

作负担的判断，也与政治有很大关联：国会在1866年减少了两个席位，成功阻止了安德鲁·约翰逊总统任命任何一位最高法
院大法官；在尤利塞斯·格兰特总统赢得大选之后又增加到九 25
个席位，是想给新总统提供两次任命大法官的机会。1937年，国会拒绝了富兰克林·罗斯福增加大法官席位的提议，即每当有一名在职大法官年满70岁，而且拒绝退休时，就可以新增加一名大法官，最多可以增加到15人。最高法院的人员规模不太可能再发生变化，不过，有些学者出于对大法官在位时间越来越长、退休年龄逐步增高的不安，最近提出了一个建议：增加一批新的

大法官，让最老的大法官转任资深大法官，最高法院的具体工作转交年纪较轻的九个人去处理。

起初，最高法院成员都是新教徒，不用多说，这些人当然都是白人男性。最高法院第一位罗马天主教徒是1836年被任命的第五任首席大法官，罗杰·坦尼。瑟古德·马歇尔1967年被任命前，最高法院的成员都是白人，1981年上任的桑德拉·戴·奥康纳则是第一位女性大法官。自那以后，最高法院的成员结构慢慢地越来越反映出这个国家的多元性，虽然反映得并不全面。瑟古德·马歇尔1991年退休后，他的席位由第二位非洲裔美国人克拉伦斯·托马斯填补。1993年，露丝·巴德·金斯伯格进入最高法院，成为奥康纳之后的又一位女性大法官。2010年10月4日，最高法院新开庭期首次召集时，审判席上已有三位女性（金斯伯格、索尼娅·索托马约尔和艾琳娜·卡根）；一名非洲裔美国人，托马斯；一名拉美裔，索托马约尔；六名天主教徒；三名犹太人。约翰·保罗·斯蒂文斯2010年退休时，是最高法院唯一一名新教徒。1916年，首位犹太人大法官路易斯·布兰代斯被提名时，曾激起轩然大波，之后许多年间，最高法院只保留了一个“犹太人席位”。[①]但是，到艾琳娜·卡根2010年加入最高法院、成为院内三位犹太人大法官（另外两位是金斯伯格和布雷耶）之一时，被提名人的宗教背景通常已被视为无关紧要。

大法官的原籍问题也是如此。过去有许多年，总统们一直

① 1916年1月28日，威尔逊总统提名路易斯·布兰代斯出任最高法院大法官，在参议院拖了四个多月才获批准，这也是持续时间最长的一次大法官确认程序。反对布兰代斯出任大法官的人很多，但并非基于他的犹太人身份，而是排斥他的进步主义法律观和政治改革观。在此之后，最高法院内的犹太人大法官先后有菲利克斯·法兰克福特、阿瑟·戈德堡、阿贝·福塔斯、露丝·巴德·金斯伯格、斯蒂芬·布雷耶、艾琳娜·卡根。

努力保持最高法院成员在地域上的平衡，认为最高法院应通过来自本国不同地区的成员，反映不同的利益和视角。但是，当卡 26
根作为第四位纽约客（另外三人是斯卡利亚、金斯伯格和索托马约尔）进入最高法院时，地域问题早就不是影响大法官提名的重要因素了。邻近纽约的新泽西州还出了第五位大法官小萨缪尔·阿利托。

当代最高法院还有一个显著特点：大法官们的职业背景不够多元化。2006年，桑德拉·戴·奥康纳退休，阿利托补缺后，最高法院全体成员在被任命为大法官前，都是上诉法院法官，这种情况在我国历史上还是第一次。艾琳娜·卡根2010年被提名后，打破了这一局面。她担任过联邦首席政府律师，之前还
做过哈佛法学院院长，是最高法院39年来（自1971年提名的威 27
廉·伦奎斯特和小刘易斯·鲍威尔算起）首位没有过法官经历的成员。[①]

过去，很少有人能预测到最高法院成员会出现这种职业背景单一化的局面，那时候，大法官们都从行政分支和立法分支的高级官员中产生。以沃伦法院（1953—1969）的成员为例，其中有三人做过联邦参议员（雨果·布莱克、哈罗德·伯顿和谢尔曼·明顿，只有明顿曾在下级法院任职），另有两人担任过联邦司法部部长（罗伯特·杰克逊和汤姆·克拉克，两人都未担任过法官）。其他人都在地方、州或联邦层级担任过民选官员。首席

① 首席政府律师（Solicitor General）：司法部的“第三把手”，配备5位副手和20位助理。联邦行政分支的某一部门或机构在上诉法院败诉后，会向司法部提出申请，希望将案件提交最高法院复审。首席政府律师的基本职责，是代表联邦对这些案件进行审查，决定将哪些案件提交最高法院复审，如果相关案件被最高法院受理，首席政府律师将代表联邦政府在最高法院出庭。由于这个职位十分重要，又被称为“第十位大法官”。

大法官厄尔·沃伦当过三届加利福尼亚州州长，1948年代表共和党竞选过副总统。他之前也没有过担任法官的经历。

对最高法院成员任前履历要求的变化，在相当程度上取决于当代大法官任命和确认程序的政治关切。与以往相比，提名与确认程序更多地成为就最高法院的职能和大法官应秉持的宪法价值观进行全国性辩论的场合。当然，围绕最高法院的提名环节，一直存在政治冲突——自乔治·华盛顿以来的总统们都知晓这一点，富兰克林·罗斯福驯服“不听话的”最高法院的努力则堪为例证。但是，最近几十年间，政府内分歧扩大，国会党争日益严重，最高法院深度卷入引发分裂的社会议题之争，再加上法院内部势均力敌的意识形态对立，导致对任何一位大法官的提名都变得分外关键。再考虑到具有党派偏见的人煽动全方位媒体炒作的能力，很容易理解的是，总统在填补最高法院空缺时，自然不希望遭遇任何意外，无论是在确认环节，还是被提名人未来在最高法院履任后。了解一个陌生的被提名人的最便捷、稳妥，尽管
28 不是万无一失的途径，就是他的司法从业记录，这些记录可以显示潜在候选人对具体法律议题的立场和裁判技艺。事实上，总统通过任命一位在任法官，可以实现双重目的：既能选择一个公认的靠得住的人，又可以化解关于提名受意识形态主导的联想。

但是，如果总统拟通过任命最高法院大法官，推进国会尚不认同的某项议程，那么，无论被提名人的资格、履历多么优秀，都极有可能遭遇强烈阻击，尤其是在最高法院内部的平衡容易打破的情况下。1987年，罗纳德·里根总统提名罗伯特·博克法官引起的那场“大战”，常被称为导致当代“确认乱局”的事件。尽管或许只有程度之分，并无实质区别，但是，在媒体强烈的聚

光灯下，对博克的提名之战，最终沦为一场政治惊悚事件，留下一笔改变日后提名处理模式的惨痛教训。

对博克的提名，具备酿成一场政坛纷争的所有要素。之前那年11月，参议院改由民主党掌控，里根行政分支失去了参议院的支持，在政治上处于弱势地位，外交政策上又为“伊朗门”丑闻苦恼不已。博克法官做过多年法学教授，后来被行政分支作为最高法院大法官预备人选，放到联邦上诉法院工作。他是一个直言不讳的保守派人士，时常公开撰文反对当代宪法的各种理念。博克被提名填补的席位，之前属于温和保守派刘易斯·鲍威尔，鲍威尔当时是“摇摆票”大法官，在不同立场势均力敌的最高法院，起着重要的平衡作用；所以，如果博克成为大法官，意味着在最高法院内部，堕胎和平权措施问题的力量对比将发生变化，因为鲍威尔至少在一定程度上支持过堕胎和平权措施。

自由派团体和民主党参议员中的大佬联合起来打算挫败对博克的提名，宣称博克是“非主流”人士。[1]在为期一周，并被电

① 自由派与保守派：当代民主党与共和党之间，虽然共同拥有一些基本的意识形态和价值观念，但也存在着许多分歧，尤其在面向变革方面，民主党是相对支持变革的政党，又称左翼；共和党相对反对变革，又称右翼。进入20世纪后，民主党渐渐被贴上自由派的标签，共和党则被贴上保守派的标签。从政治观点上看，自由派赞成堕胎、同性婚姻、平权措施、安乐死、移民政策，要求扩大联邦政府权力、限制死刑、反对公民个人持枪、禁止政府支持宗教活动。保守派则坚决反对堕胎、同性婚姻、安乐死，支持死刑，赞成公民个人持枪，要求限制联邦政府权力、减少对富人减税、限制移民进入美国，积极推动宗教进入公立学校、政府机构等公共领域。不过，两派观点也并非绝对对立，保守派也存在中间偏左的立场，自由派也有中间偏右的观点。一般来说，民主党总统提名的大法官，司法立场上多倾向自由派，如最高法院现任大法官露丝·巴德·金斯伯格、斯蒂芬·布雷耶、索尼娅·索托马约尔、艾琳娜·卡根；共和党总统提名的大法官，司法立场上多倾向保守派，如现任首席大法官约翰·罗伯茨、大法官安东宁·斯卡利亚、克拉伦斯·托马斯、塞缪尔·阿利托；还有的大法官虽然由共和党总统提名，但立场飘忽不定，被称为中间派，如现任大法官安东尼·肯尼迪，经常在自由派和保守派相持不下时，投出决定性的一票。关于美国当代社会的自由主义、保守主义和中间主义思潮，可参见楚树龙、荣予：《美国政府和政治》（上册），清华大学出版社2012年版，第73—167页。

29 视全程直播的参议院司法委员会听证会上，被提名人正中反对派的下怀：他竭力为自己“原旨主义者”的司法理念辩护，激烈批评最高法院利用宪法条文中不存在的隐私权，维护夫妻避孕权和女性堕胎权的做法。毫无疑问，对罗伯特·博克的提名以58票反对、42票赞成遭到的挫败，阻止了最高法院迅速的保守化转向。来自位于加州的联邦上诉法院的温和保守派人士，安东尼·肯尼迪法官，最终通过确认，得到这一席位。他支持堕胎权，并且与博克截然相反的是，他也坚定支持宪法第一修正案确立的言论自由权。2001年9月11日发生的恐怖袭击之后几年，肯尼迪多次加入最高法院多数方，驳回布什行政分支单方面对敌方战斗人员制定羁押政策的权力诉求。罗伯特·博克作为局外人，强烈谴责了这些判决。

下述争辩，已断断续续持续多年，即参议院是否应在最高法院被提名人的专业资质符合要求时，抛开参议员们的意识形态倾向，尊重总统的选择。在理论层面，这样的争论仍在持续。而在实践层面，对博克的“确认大战”已经解决了这一问题。虽然博克法官的资质明显合格，参议院还是坚持以意识形态为标准，评估他的专业资质；但是，在意识形态方面，博克的表现却让大多数参议员感到惊讶。司法委员会审查完博克的听证会发言后，在近一百页的报告结尾写道：“由于博克法官对宪法与审判职责本身的狭隘视界，批准对他的确认，极可能对未来的国家需求不利，还会扭曲垂范久远的宪法承诺。”

博克提名受挫后，他的支持者们警告总统，今后再不能提名一个在当下重大议题上留下太多“书面记录”的人出任大法官。
30 但是，之后的事实证明，这样的预测并不准确。例如，出任联邦上诉法院法官前，露丝·巴德·金斯伯格曾是民权律师界的领军人物，1970年代，她在最高法院打过六场官司，在说服大法官将性别歧视视为宪法议题方面，起到了至关重要的作用。她的律师执业记录亦即书面记录，数量庞大。但她还是以96票赞成、3票反对的表决结果，轻松快速地通过了参议院的确认。与提名博克时的一点区别在于，白宫和参议院当时都在民主党控制之下。另一点不同则是，在上诉法院工作12年间（罗伯特·博克也曾在同一家法院与她短暂共事），她已经证明自己是一位审慎、温和的法官。此外，她当年倡导的理念，多数已被最高法院接纳，所以她当然不可能被视为“非主流”人士。

尽管金斯伯格1993年在司法委员会接受听证时，政治上占据优势，她还是开创了一项先例，并改变了之后的确认听证会模式：她只在最低限度内与参议员们谈及自己的司法立场。她拒绝回答任何抽象问题，又以不应就可能诉至最高法院的议题表态为由，回避了许多具体问题，而且在此过程中，她没有否认自己已公开表态过的立场。之后的被提名人，大都采取这一策略回避问题，导致如今的确认听证会成为没什么看头的例行公事。（金斯伯格在上诉法院的同事，安东宁·斯卡利亚，在1986年的最高法院确认听证会上采取了一种更极端的方式：“什么也不说”策略。他告诉参议员们：“我想我不宜回答任何与最高法院具体判决有关的问题，哪怕是‘马伯里诉麦迪逊案’那样的关键判例。”博克的听证会之后，人们希望被提名人至少能对最高法院历史上的重要先例保持尊重。）

2005年被提名出任首席大法官的约翰·罗伯茨，也留下过不少书面记录，他年轻时在里根治下的司法部和白宫从事法务

31 工作期间，撰写过不少备忘录和分析报告。这些书面记录中，有些内容对民权诉求不屑一顾，还有一些流露出明显的保守派立场。但是，罗伯茨——他也与博克、金斯伯格在同一所上诉法院共事过——在确认听证会上也打定主意回避关于本人立场的提问。罗伯茨在开场陈述中说，与政策制定者不同的是，法官应受先例约束，并对自己的角色保持“适度谦卑”。他告诉参议员们：“法官就像裁判。裁判不会制定规则，但要适用规则。”并非所有参议员都打消了疑虑，但效果已经足够。参议院最终以78票赞成、22票反对，通过了对第十七任首席大法官的确认，反对票全部来自44名民主党参议员，即其中的一半人投了反对票。①

尽管总统和参议员们高度重视最高法院的提名环节，被提名人上任后的表现，还是时常出人意料。政治学家把这种现象称做“意识形态转向”，认为这样的情况很常见——甚或已成定律，而不止是例外，有些大法官不止一次地发生意识形态转向。近几十年来最典型的例子是哈里·布莱克门，他1970年被理查德·尼克松总统任命为大法官时，被视为一个可靠的保守派人士；各方面迹象显示，他在意识形态上也与童年好友，刚刚被任命为首席大法官的沃伦·伯格高度一致。但是，光阴似箭，等到布莱克门24年后退休时，他已是最高法院最具自由倾向的大法官——可以肯定的是，当时的最高法院已比他刚加入时保守多了，但是，他在几乎所有重大议题上都“向左转”的变化，还是很让人震惊。②约翰·保罗·斯蒂文斯，被提名时也是共和党人，

---

① 这些参议员中，也包括时任伊利诺伊州参议员巴拉克·奥巴马。

② 关于哈里·布莱克门大法官在最高法院的心路历程，以及他与沃伦·伯格之间的恩怨，可参见本书作者为布莱克门大法官撰写的传记，即［美］琳达·格林豪斯：《大法官是这样炼成的：哈里·布莱克门的最高法院之旅》，何帆译，中国法制出版社2012年版。

他在长达34年的任期中，也变得更趋自由化。同样由共和党总统任命的桑德拉·戴·奥康纳和戴维·苏特也发生了同样的转变，但程度略轻。在最高法院变得更趋保守的大法官数量要少得多。这或许是因为1967年到1993年间，没有民主党总统提名过大法官，可能“向右转”的大法官自然不多。近些年最明显的大概要算约翰·肯尼迪总统1962年任命的拜伦·怀特。 32

如何解释这些心智成熟、职业经历丰富的人观念上发生的这种实质性转变？（布莱克门进入最高法院时，已经61岁，而且已在联邦上诉法院担任了11年法官。）罗伯特·杰克逊担任富兰克林·罗斯福麾下的司法部长时，曾认真观察过最高法院的人事变化。1941年，他在自己被任命为大法官前出版的《为司法至上而斗争》一书中，就此问题发表了看法。在书中，他问道：“为什么最高法院对被任命者的影响，要远大于被任命者对最高法院的影响？”事实上，杰克逊本人的立场也是在最高法院发生转变的。过去，他是总统权力的坚定拥趸，后来却对这项权力的运用渐生怀疑，在1952年的一起案件（即“杨斯顿钢铁公司诉索耶案”）中，他发布的一份意见设定了限制总统权力的框架，至今仍被广泛引用。[①]

① “杨斯顿钢铁公司诉索耶案”：1952年4月8日，杜鲁门命令商务部长查尔斯·索耶接管全国87家主要钢铁公司。6月2日，联邦最高法院以6票对3票宣布，杜鲁门总统无权接管钢铁公司的资产，哪怕工人罢工会对朝鲜战场的战事不利。雨果·布莱克大法官主笔的判决意见指出，总统发布命令，必须根据联邦宪法或国会制定的法律，而国会制定的法律中，并没有任何一条授权总统可以侵占民间私有财产，更没有授权他以武力方式，解决劳资纠纷。对于总统是三军统帅，可以动用战时权力的说法，布莱克同样不以为然。他说，朝鲜战争只是局部战争，国家并没有进入全面战争状态。就算总统贵为三军统帅，也不能用武力解决民间的劳资纠纷，更不能用刺刀强迫工人继续从事钢铁生产。即使非如此不可，也必须经过国会授权。总之，既然总统无权立法，所作所为又无法律依据，接管行为自然违宪。罗伯特·杰克逊大法官在本案中发布的是协同意见。

回到杰克逊之前提出的问题。在最高法院独一无二、大权在握的体验，会带来新的视角，动摇固有成见——显然并非所有人都是如此，只是部分人。有人研究了1969年至2006年间，共和党总统任命的12位大法官，发现被任命者之前在联邦行政分支的工作经历，与他们出任大法官后意识形态的稳定程度有强烈关联。这12个人中，一半人加入最高法院前，曾在行政分支实际任职，另一半人则没有类似经历。只有那些没有行政分支任职经历的人，才出现了“向左转”的情况。另一位学者回顾了厄尔·沃伦1953年上任以来的历史，并指出，被提名者获得任命时的居住地点，是识别他们在公民自由问题上“投票态度变化”与否的关键因素。被提名时就居住在华盛顿特区的人，立场一般不会发生转变。而那些来自特区外环线以外的人，立场会更趋自由化。当然，在联邦行政分支工作过的人，绝大部分就居住在华盛顿城内，虽然两者并不完全重合。也许是人到中年后，迁移到新城市带来的新的挑战性经历，才使新大法官更能接受新的
33 观念。

宪法规定，联邦法官与总统、副总统和“联邦全体文职官员”一样，将因“犯下重罪或品行不端”遭到弹劾。尽管已有十余位联邦下级法院法官遭众议院弹劾，并被参议院定罪，而且在刑事定罪后被免职，国会还从来没有解除过一位最高法院大法官的职务。1804年，众议院曾以发表煽动性言论为由，投票弹劾塞缪尔·蔡斯大法官。蔡斯是前总统约翰·亚当斯的热情支持者，他发表的言论，尤其是他在担任巡回法官期间提交的一份批评杰弗逊总统的大陪审团指控，激怒了新上台的杰弗逊共和党人。然而，蔡斯的行为并不构成犯罪，参议院最终也判定他无罪。他

图4　威廉·道格拉斯，摄于1939年3月20日，当天他被富兰克林·罗斯福总统提名为最高法院大法官候选人。道格拉斯时年50岁，是最年轻的被提名者，他在最高法院的任职年限也最长，1975年才宣布退休

在最高法院又工作了七年。这起事件确立的原则是，不认同一位法官的司法行为，并不是正当的弹劾理由。

尽管如此，1960年代，仍有许多人呼吁弹劾厄尔·沃伦首席大法官，1970年代，众议院共和党领袖杰拉尔德·福特发起努力，试图弹劾直言无忌的自由派大法官威廉·道格拉斯。福特弹劾道格拉斯的努力，得到尼克松行政分支的支持，内容主要指向这位大法官在审判业务之外的行为，如多次婚姻、出版著作、为杂志撰稿和为私人基金担任董事。当被要求解释这些行为为什么属于应当被弹劾的过错时，福特回答说："只要众议院多数成员在特定历史时刻认为相关行为属于可以被弹劾的过错，就可以提起弹劾。”众议院司法委员会详尽调查了道格拉斯受到指责的行为，但拒绝建议发起弹劾，弹劾努力最终无疾而终。道格拉斯于1975年退休，他在任时间共计36年，是最高法院历史上任期最长的大法官。造化弄人，就在一年前，理查德·尼克松因
34 面临弹劾而辞职，杰拉尔德·福特成为总统。

最后，想说一下新近出现的一项争论，涉及最高法院大法官终身任职制的利弊。这场争论主要局限在法学学术界，范围也许不会进一步扩大，但颇能说明人口统计学趋势和人们对这一问题的看法。制宪辩论时，法官终身任职制并非一开始就得以确立。托马斯·杰弗逊就反对这么规定，认为法官应当以四到六年为一个任期，可以连任。但制宪者们最终决定，为维护司法独立，法官只要“品行端正”，就可以终身任职，工资也永远不得减少。

然而，时至今日，左右两翼对这项制度都有批判之声；也有
35 学者发出批评，他们声称：当高龄大法官为了显示政治忠诚度，竭力推迟退休时间；当总统为了让自己的政治遗产绵延久远，物色的提名对象越来越年轻时，终身任职制对最高法院的正常运转和国家的政治生活，都产生了不当影响。不用说，现在的大法官活得越来越久，在任时间也越来越长。1789年到1970年间，大法官平均任期为15年。1970年到2005年，平均任期蹿升到26年多。从1994年到2005年，最高法院有11年没有出现一个席位空缺，这也是自1820年代以来，没有发生人事更替时间最长的一段时期。

改变终身任职制的直接方式，就是修改宪法；就算并非全无可能，修宪也将是一项非常艰巨的任务。所以，许多呼吁变革

者提出了一套法律方案，希望借此实现同样的效果：继续任命终身任职的大法官，但规定有效任期为18年。18年后，大法官将转入半退休状态，类似联邦下级法院的操作模式。①半退休状态者可以在只有八位大法官审案且支持和反对票数相同时打破僵局，也可以承担其他司法工作。九位现任大法官一旦空出一个席位，可以由新的被任命者补缺。在这样的制度下，每两年就可以有一名新大法官得到任命。换句话说，每位总统可以任命两名大法官，这样就可以规范现在席位出现空缺时才能任命的不规则情形。没有一位总统会再有吉米·卡特那样的遭遇，在他的任期内，最高法院一个席位都没有空出来。

终身任职制的批评者指出，所有其他借鉴司法独立等美国模式的宪政民主制国家，最高法院法官都没有实行终身任职制。例如，加拿大、澳大利亚、以色列和印度，都设定了固定的年龄限制，而德国、法国、南非的宪法法院法官也有固定任期。50个州
当中，只有罗得岛州最高法院法官没有任期限制。对终身任职 36
制的批评，也许一直都不会被公众关注到。但是，它提出了司法独立究竟得靠什么保障这一发人深省的问题：是仅仅靠纸面上的规定，还是靠人民对法院寄予厚望、法院又以公允裁判维系这
种信任的国家文化？ 37

① 根据联邦法律，满足退休条件的联邦法官（年满70岁，担任联邦法官满10年者；或年满65岁，担任联邦法官满15年者）可以直接退休，也可以申请转任资深法官。资深法官相当于一个“半退休”性质的过渡岗位。转任资深法官后，原来的席位会空缺出来，不再占据法官编制，总统可以任命新法官补缺。资深法官享受一定优待。联邦法官退休后，可以领取与最后工作年度年薪相同的退休金。而资深法官可以继续享受之前的薪酬，不因办案量降低而减少。如果中间遇到加薪，薪酬与退休金也会相应增加。资深法官可以视体力、精力，审理适量案件（约为过去的50%），法院会根据工作量，为资深法官配备专门的办公室、助理和秘书。

第四章

首席大法官

宪法第三条，规定了与司法分支相关的内容，却只字未提首席大法官一职。显然，制宪先贤准备设置这一职位，不过这个意图只能从宪法文本本身推导出来——宪法第一条明确要求由首席大法官主持参议院对总统的弹劾审判。有人事后曾问威廉·伦奎斯特首席大法官如何看待自己1999年在对比尔·克林顿总统的弹劾审判中的作用，他笑着回答："我其实无所作为，但我表现不错。"

无论制宪先贤当初如何设想，如今已没有人再认为首席大法官无所作为。两百年来，伴随法律发展与传统积淀，这一职位要履行的职责也日渐庞杂。根据2006年一项研究的总结，国会陆续在81条单独的法律条款中赋予首席大法官特定职责或权力。这些职责涵盖的范围甚广，从指导国会图书馆购买法律书籍，到任命11位法官组成特别法庭来批准政府搜集海外情报和开展窃听。[①]根据法律，首席大法官是国家艺术馆和史密森学

① 首席大法官可以确定11名地区法院法官，组成外国情报监控法庭（Foreign Intelligence Surveillance Court），决定是否批准政府基于国家安全目的提出的窃听申请。

会的董事会成员；[①]负责主持制定联邦司法政策的美国司法联席会议；负责判定其他大法官是否符合提前退休条件，签署“失权证明”。 38

首席大法官行使的唯一一项最重要的权力，还是投出决定某起最高法院案件的判决结果的九票中的一票。对第六位首席大法官萨蒙·蔡斯来说，这才是真正要紧的唯一职责。1868年，蔡斯在一封信里写道：“人们对首席大法官的权力有极大的误解，在最高法院，他只是八名法官之一，每个人都享有同等权力。[②]他的判断分量并不更重，他的投票也不会比其他弟兄更重要。他主持庭审，还有一些额外的工作会丢给他做。仅此而已。”[③]

即使首席大法官在审判席上仅是平等者之首，要想在21世纪认识这一职位，还是需要对它的权力有更全面的理解。把今天的首席大法官视为首席执行官将更为确切，他既是最高法院的首席主管者，也是整个联邦司法分支的首席主管者。[④]通往联

① 史密森学会（Smithsonian Institution）：美国一系列博物馆和研究机构的集合组织。该组织囊括19座博物馆、9座研究中心、美术馆和国家动物园以及1.365亿件艺术品和标本。也是美国唯一一所由美国政府资助、半官方性质的博物馆机构，同时也拥有世界最大的博物馆系统和研究联合体。该机构大多数设施位于华盛顿特区，此外还有部分设施散布在从纽约到弗吉尼亚州，甚至巴拿马的广阔区域。该机构的诸多博物馆除圣诞节外，全年对公众免费开放。学会董事会由美国最高法院首席大法官、副总统、3名参议员、3名众议员和6名非官方人士组成。

② 当时，最高法院只有八位大法官。

③ 美国联邦最高法院的男性大法官之间彼此以弟兄（brethren）相称。《华盛顿邮报》记者鲍勃·伍德沃德、斯科特·阿姆斯特朗1979年合著的揭示最高法院内幕的著作，即以*The Brethren*为书名。

④ 现任首席大法官约翰·罗伯茨目前的年薪为223 500美元，比其他年薪为213 900美元的同僚要多出近10 000美元。这一数字差异，说明因首席大法官承担了部分专属于他的司法职责，国会认为其工作的价值要高于另外八位地位平等的最高法院成员。如果薪酬可以量化的话，九位大法官在96%的工作上是相同的，首席仅额外比其他同僚多承担4%的工作。

邦法院职位的传统职业发展路径，所能为这一全能型职位提供的历练少之又少。上个世纪里，为出任这一岗位准备最为充分者，无疑是第十任首席大法官威廉·霍华德·塔夫脱，他做过美国第二十七任总统。塔夫脱于1921年至1930年间在任，意料之中地，他也是工作最卓有成效的首席大法官之一。

出任首席大法官之前，在最高法院的任职经历也是有效的历练，尽管这样的情况并不常见。17位首席大法官中，只有4位之前担任过联席大法官。其中3人——伦奎斯特、爱德华·道格拉斯·怀特和哈伦·菲斯克·斯通——是在最高法院任内晋升的。（约翰·拉特利奇未被算在这一名单内，乔治·华盛顿提名他出任首席大法官未果，他本人虽通过确认，成为联席大法官，但从未履任。）第四位做过联席大法官的则是查尔斯·埃文斯·休斯。1916年，他为竞选总统，辞去大法官职务。14年后，塔夫脱首

39 席大法官逝世，赫伯特·胡佛选择休斯接任首席大法官一职。

即使进入最高法院前已经过确认，被提名为首席大法官的人，仍需再接受一次单独的参议院确认，并获得新的委任状。作为确认政治的一部分，这项要求也许是为了制约总统直接提拔在任大法官。如威廉·伦奎斯特1986年被里根总统提名晋升时的情形那样，确认程序很容易变成对提名对象在最高法院工作表现的投票表决，以及对最高法院整体发展方向的表决。

我们今天使用的头衔是“美国首席大法官”，这一称呼最开始并不明确。无论是首部《司法法》，还是宪法本身，都没有比“首席大法官”这一称谓更详尽的表达。后来人们开始使用“美国最高法院首席大法官”这一繁冗称谓。1860年代，国会开始使用现在的称谓，梅尔维尔·富勒1888年被委任为首席大法官

图5　威廉·霍华德·塔夫脱首席大法官，摄于1921年他刚履任时。他是唯一一位既当过总统，又做过最高法院大法官的人

的委任状上就出现了这一称谓。

很大程度上，是传统，而非法律，指导着首席大法官履行纯粹司法方面的职能。他主持“内部会议”（the Conference），这是最高法院对大法官全体会议的专门称呼。[①]如果他在某起案件的投票中位于多数方，则享有指定自己或多数方任何一位大法官撰写判决意见的权力。如果首席大法官位于异议方，则由多数方最资深的大法官负责指定。

最高法院的惯例是，各位大法官在同一开庭期内负责撰写的多数方意见数量大体相同。不过，意见撰写的指派，通常包含大量权衡和策略，并不是单纯按名单轮流指定。这是因为，五位大法官组成多数方推翻或维持下级法院的判决，并不意味着这五个人立场一致，或对判决结果或推导方法的认同程度一致。所以，在投票结果比较接近、多数方的立场可能不太牢固的案件中，相当常见的是，负责指派的大法官——无论他是首席大法官
41 还是联席大法官——会把撰写多数方意见的任务，分派给多数方中立场最不坚定的大法官。分派者希望这位立场摇摆的大法官，能够通过阐释多数方的判决理由来说服自己，进而避免出现最糟糕的结果，即某位大法官被异议方更有说服力的意见所吸引，转投另一方阵营。

尽管如此，上述情况还是偶尔发生。例如，1991年开庭期，就一位神职人员在公立高中毕业典礼上的祈祷行为是否违反宪法关于政教分离的规定，最高法院正反双方的投票结果就十分

① “会议”这个词在美国最高法院有两重含义。首个字母小写时（conference），代表的是一般会议。首个字母大写时（Conference），代表九位大法官全体出席的会议。如果一份备忘录是一位大法官转给其他八位大法官的，抬头会写上“致全体会议”（To the Conference）字样。

接近。此前一家联邦上诉法院已判定这种做法违宪，最高法院受理了学区的上诉。庭审之后，大法官们在这起名为“林奇诉唐纳利案”的案件的投票中，以5票对4票决定推翻下级法院判决，宣布神职人员引领下的祈祷仪式合乎宪法规定。[①]伦奎斯特首席大法官指派安东尼·肯尼迪大法官撰写多数方意见。在撰写判决意见的那几个月中，肯尼迪发现自己站错了队——这一结论意味着这起案件的结果将彻底扭转。肯尼迪把自己的想法通知了首席大法官和异议方最资深的联席大法官哈里·布莱克门。“推翻高中毕业典礼祈祷案的判决意见写完后，思路看起来完全不对。”他在给布莱克门的信中写道，同时补充说，自己已经重写了意见初稿，维持下级法院关于祈祷行为违宪的判决。这下，轮到布莱克门指派判决意见主笔者了，布莱克门还是选了肯尼迪。于是，肯尼迪继续撰写判决意见，为争取布莱克门和前异议方其他成员的认同，他对内容作了一些调整。几个月后，1992年6月，最高法院发布了5票对4票达成的判决，判定神职人员在公立学校毕业典礼上引领的祈祷仪式违宪。之后12年间，外界并不知道最高法院内发生的这一戏剧性内幕，直到布莱克门捐赠给国会图书馆的文档对外公开。

判决意见主笔者的指派权是首席大法官的一项重要权力资 42
源。同一种结果，判决意见的范围可宽可窄。首席大法官如果想把某种具体学说推向特定方向，或者不想让某种见解上升到特定高度，那么，利用他对自己同事裁判风格和偏好的了解，足

① 请读者注意，作者这里援引的案名有误，“林奇诉唐纳利案”应为1984年发生的一起关于“政教分离”问题的案件。根据作者对案情和判决结果的描述，她提到的这起案件应该是1992年宣判的“李诉威斯曼案”。

以让这项权力充分发挥作用。当然,首席大法官最终与其他大法官一样,手中只握有一票。

除了在四位法官助理协助下处理法院的审判事务,首席大法官也负责管理拥有400名员工的最高法院大楼的运转。最高法院配备了专门警力。还有工作人员负责复杂的文件流转。每周大约有150件新的申诉提交上来,已列入庭审安排的案件也会有稳定数量的诉状提交。这些文件都需要逐项审查,确保其符合诉讼规则的要求。诉状是否在规定时限内提交,是否在规定篇幅内?封皮是否选对了颜色?[诉状的类别决定着封皮颜色,只需要瞥一眼封皮,就能辨明诉状类型:新案件提交的诉状(白色);赞成维持下级法院判决一方提交的诉状(红色);“法庭之友”提交的诉状(深绿色或淡绿色,取决于这位“朋友”支持哪一方)。]这些文件每周整理建档后,就会被放进九辆小推车,送往各位大法官的办公室。最高法院书记官[书记官(Clerk)是最高法院的高级管理人员,不要与法官助理(Law Clerk)搞混了]管理这一环节的工作,执法官(Marshal)则负责安保工作。首席大法官同时会配备一名行政助理,作为首席与司法分支内各机构的联络人,承担最高法院内外的重要职责。

联邦法院行政办公室就是上述机构之一。就像它的名称表明的,“行政办公室”是联邦司法管理的中枢机构。首席大法官选任行政办公室主任,后者上任后仍要对首席负责。联邦司法系统拥有1200名终身任职的法官、850名其他类别的法官、30 000名雇员,以及近60亿美元的预算,本身就是一个错综复杂的官僚
43 机构,完全处于首席大法官的监督与管理之下。

首席大法官同时是美国司法联席会议主席,这个组织由13

个联邦巡回上诉法院的首席法官、各巡回区内一位富有经验的地区法院法官，以及联邦国际贸易法院的首席法官组成。司法联席会议每年在最高法院召开两次，其前身是巡回法院资深法官会议，是塔夫脱首席大法官说服国会授权成立的。成立联席会议的最初目的，是“就改进联邦法院司法工作相关事宜”为首席大法官提供建议。

时至今日，司法联席会议的职能已大为拓展。它的主要职责是由一些委员会来完成的，这些委员会负责制定与联邦法院管辖范围和诉讼程序中的重要因素相关的管理规则。司法联席会议下辖22个委员会，共有约250名成员，这些法律工作者、法官都以能受到首席大法官邀请，为司法联席会议服务为荣。司法联席会议本身时常为争取更多法官员额或为法官增加薪酬等事宜与国会沟通。它也会评价那些将对司法工作产生潜在影响的即将出台的立法。在这项职能上，司法委员会和首席大法官的功能与游说集团的成员颇为类似，即尽可能促成或阻止特定政策出台。

例如，1991年，司法联席会议抵制一项法案，该法案允许性暴力犯罪受害者在联邦法院起诉侵害人并索取赔偿。首席大法官本人在1991年的年度司法报告中，批评这部法案创造了一项“过于宽泛的私人诉讼权利，立法将使联邦法院陷入大量家庭纠纷之中”。三年后，经过修订，这部法案以《防治对妇女施暴法》之名正式发布实施。2000年，首席大法官代表最高法院主笔的多数方意见判定这部法律设定的新索偿措施无效，因为国会没
有发布该法的宪法权力。 44

“联邦司法系统”年度报告是沃伦·伯格首席大法官开创

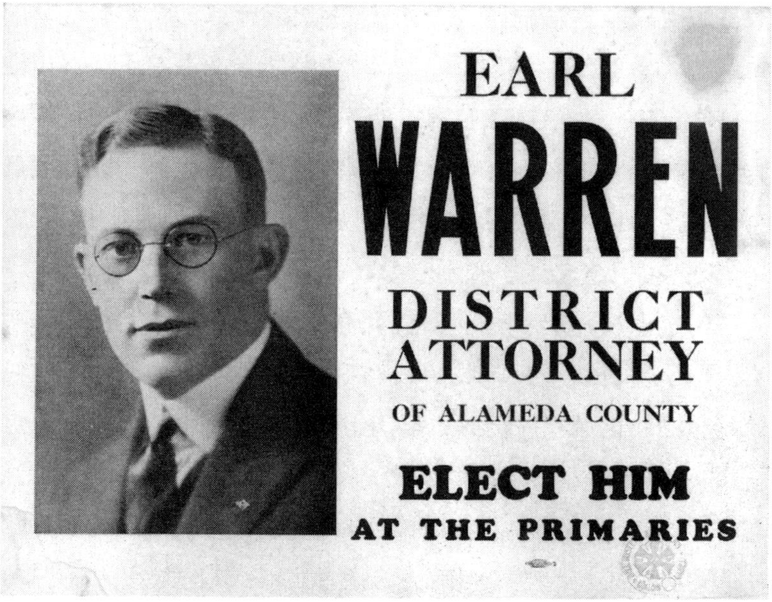

图6 厄尔·沃伦是位活跃的政治家，1953年出任首席大法官之前，从来没有过法官经历。这张海报是他早期在加州成功的选举生涯中使用的。他后来三度出任加州州长。

的。1970年，他履任第二年就开始发布这项报告，之后经常会在1月的美国律师协会大会上以演讲形式发布。报告出炉时间与总统发布国情咨文的时间大致相同。伯格的继任者威廉·伦奎斯特不再出面宣读，改为每年新年前夜发布书面报告，约翰·罗伯茨首席大法官沿袭了这一做法。①

首席大法官承担的绝大部分职责都是公众看不到的，但近年这项发布年度司法报告的传统，强调了首席大法官作为政府

① 约翰·罗伯茨历年提交的联邦司法年度报告都有中译本，2006年至2009年度的报告已由本书译者译出，参见何帆：《大法官说了算：美国司法观察笔记》，法律出版社2010年版，第291—306页。

第三分支公共代言人的象征角色。是首席大法官作为东道主接待来访的各国宪法法院法官；是首席大法官站在每四年一次的总统就职典礼的中心，主持总统就职宣誓仪式。2005年1月，伦奎斯特首席大法官因患甲状腺癌而病重，已有三个月没出现在公众视野中，但他还是从病床暂时爬起，坚持履行职责，主持了小布什总统的第二任期就职典礼。这也是伦奎斯特最后一次在最高法院外公开露面。他在六个月后逝世，时年80岁，这也是他出任大法官的第33个年头。

人们习惯以时任首席大法官的名字命名某一历史时期的最高法院，但是，17位首席大法官，并非每个人在公众心目中都留下了同等印记。文森法院（首席大法官弗雷德·文森，1946—1953）没能给人们留下什么印象，而紧随其后的沃伦法院（1953—1969）却让公众印象深刻。尽管小威廉·布伦南大法官才是沃伦法院一系列里程碑判决的幕后设计师，但首席大法官沃伦的名字却与那个时代紧密相连，在那一时期，自由派大法官组成的多数方驱动宪法，使之成为社会变革的工具。 45

“除了履行的职责本身，在任者的影响力取决于他对这些职责的运用以及履责的方式。”一位研究最高法院的学者二三十年前指出，“最终起决定作用的是人的因素，是无形的东西，是个性特征——这个位居核心地位的人散发出来的道德力量。”

做过总统的威廉·霍华德·塔夫脱留下的遗产，之所以比近代任何一位首席大法官都更加不可磨灭，是因为它不仅包括已决先例和那座大理石建筑（最高法院大楼），还包括最高法院控制自己案件量的权力。在塔夫脱首席大法官的努力下，国会在1925年《司法法》中赋予最高法院更宽泛的自主选案权。（这 46

部法律俗称《法官法案》，反映了大法官们在其起草过程中起到很大的作用。）大法官们从此不必再被迫审理所有通过正当途径提交过来的上诉。这部法律对最高法院起到了脱胎换骨的影响。该法生效几个月后，塔夫脱首席大法官在一篇文章里阐述了允许大法官自主选案的重大意义：“设置最高法院的目的，不是为纠正特定诉讼中的某个错误，而是要考虑那些判决结果涉及如下原则的案件，这些原则的应用事关广泛的公共利益或政府利益，并且应当由终审法院来宣布。”他随后列举了最高法院应当关注的案件类型：“涉及联邦和州的法律是否符合联邦宪法的问题；涉及个人宪法权利的实体性问题；可能影响到广大民众利益的联邦法律的解释问题；联邦司法管辖权问题；适用范围广泛，以至于需要最高法院来释疑的法律中不时存在的疑难问题。”

换句话说，最高法院不再是那些败诉当事人提交上来的任何法律争议的被动接受者。它也不再仅仅是司法系统中的最高上诉法院。大法官们将会决定哪些案件——哪些问题——重要到足够吸引他们的注意力，进而吸引整个国家的注意力。新的《司法法》提醒那些试图通过申请“调卷复审令状”（最高法院受理某起案件的指令的专业用语）将官司送到最高法院的人们：“审查调卷复审申请与权利无关，法官对之有充分的司法裁量权，只有具备特别而重要的理由才可能被批准受理。”最高法院从此成为自己命运的主导者，不仅如此，它还设定着这个国家的
47 法律议程。

第五章

最高法院如何运转（二）

除了为最高法院争得自主选案权，塔夫脱首席大法官还留下一座大理石办公大楼：1935年，塔夫脱去世五年后，也即最高法院首度召集145年后，大法官们搬进了这栋大楼。对最高法院来说，拥有一栋专属于自身的办公楼，在象征意义和实用价值层面，兼具重要意义：既昭示着它统领政府三大平等分支之一的地位，还为大法官们提供了办公室——在此之前，他们只能在家里办公。

直到去世前，塔夫脱首席大法官作为国会授权成立的最高法院大楼项目委员会主席，一直积极投身于相关工作。他提议将地址选在与国会大厦东侧一街之隔，邻近国会图书馆的一块区域。他选定著名建筑师卡斯·吉尔伯特出任大楼的总设计师，后者设计过许多重要的公共建筑，如联邦海关大楼、纽约市联邦法院大楼。吉尔伯特设计的同样位于纽约市的66层的吴华兹大楼，自1913年落成之后近20年间，一直是世界上最高的建筑。

图7　1932年10月13日，最高法院大楼奠基仪式。仪式由查尔斯·埃文斯·休斯大法官主持。负责修建这座大楼的塔夫脱首席大法官和设计师卡斯·吉尔伯特，此时都已逝世

首席大法官要求吉尔伯特设计出“一座高贵和显要的大楼”，设计师依循了这一指示。大楼整体颇似一座古科林斯风
48 格的希腊神庙，西面正门前有16根大理石立柱。三角墙上有一组雕像，象征着“自由至上，受秩序和权威守护”。直到2010年，来最高法院参观的人们仍可以穿过正面广场，拾阶而上，从刻有“法律之下人人平等”的柱顶楣梁下走进这座大楼。尽管一些大法官以没有必要和兆头不好为由提出反对，约翰·罗伯茨首席大法官后来还是基于安保考虑，关闭了正门通道。访客现在只能从台阶下一个新设的安检区域进入最高法院。

最高法院大法庭的内部空间宏伟壮观，又出人意料地给

图8 自上而下俯瞰最高法院法庭，可以看到弧形的审判席。青铜栏杆前的座位是为最高法院出庭律师协会成员预备的

人亲密之感，它长91英尺、宽82英尺，位于一层主通道的尽头，这条通道又被称为“大厅”。令人惊讶的是，律师发言席距离大法官们略高一些的审判席非常近。已适应最高法院庭审气氛的律师有时会说，如果庭审比较顺利，看起来就像律师在与大法官们聊天。除了预留给最高法院出庭律师协会成员的席位，法庭还安排了300个旁听席位，供公众按“先来后到”的顺序参与旁听。最高法院门前的旁听者一般会排两队，一队是只打算观摩几分钟的游客，一队是希望全程旁听完一小时庭审的人。 49

最高法院的公开庭审环节，只是案件裁决过程中的冰山一角。一年当中，大法官们只用约40天时间听审。从10月到次年4月，他们每个月会选取两周连续开庭（周一、周二和周三，通常

50 只在上午开庭）。除非最高法院另有指示，辩论时间一般为一小时，双方各有30分钟发言时间。照此日程表，大法官们每个开庭期会审理大约80起案件。

有经验的出庭律师都知道，他们的发言时常会被打断。大法官们在一次庭审中问上数十个问题，是很常见的事。《最高法院诉讼规则》涉及庭审的内容也提醒律师们："言词辩论应根据是非曲直强调和厘清书面诉状中的诉讼要点。出庭律师应假定全体大法官已在言词辩论前读过诉状。不提倡在言词辩论中宣读事先拟好的文稿。"成功的最高法院出庭律师不仅能够随机应变，他们还深入思考过自己的案子在更广阔的法律空间内的方位，清楚知晓大法官想要从庭审辩论中得到的是一种确信，即支持任何一方的判决究竟会产生何种更深远的影响。例如，判决对下一起案件可能产生什么意义，对再以后的案件呢？在大法官们自己看来，他们所从事的工作，其重要性远远大于解决对立双方当事人之间的争议。为了检验律师的观点能否推而广之，大法官们经常虚设多种情境，抛出许多错综复杂的假设性问题——这时候如果回答"大法官阁下，这与本案无关"，显然是不会被法庭接受的。

对大法官们来说，许多屡次在最高法院出庭的律师已是熟面孔，每个开庭期都会亮相几次，年年如此。其中尤为显眼的是首席政府律师办公室成员，他们隶属于司法部，代表联邦政府在最高法院出庭。按照法律规定，首席政府律师必须"精通法律"，他们由总统提名，经参议院确认。除了首席政府律师的副手，这个办公室内还有另外24名律师，这些人都是文职雇员，往往会在多位总统的行政分支内连续任职。他们当中，许多人曾在最高法院做过法官助理，正式离开首席政府律师办公室，他们

MR. THEODORE B. OLSON Washington, D. C. **(35 minutes - for petitioners)**	**No. 00-949. (1)** **GEORGE W. BUSH AND RICHARD CHENEY,** Petitioners	
MR. JOSEPH P. KLOCK, JR. Miami, Fla. **(10 minutes – for respondents Katherine Harris, et al., in support of petitioners)**	V.	1 and ½ hours for argument.
MR. DAVID BOIES Armonk, N. Y. **(45 minutes – for respondents)**	**ALBERT GORE, JR., ET AL.**	

图9 这是一份“当日开庭通知”，即“布什诉戈尔案”当日的言词辩论日程表，此案决定了2000年总统大选之争的结果。两位总统之位角逐者都由最高法院出庭律师代理，西奥多·奥尔森代表小布什州长出庭，戴维·博伊斯代表戈尔副总统出庭。小约瑟夫·克洛克代表佛罗里达州州务卿凯瑟琳·哈里斯出庭，这也是他第一次出席最高法院的言词辩论。大法官们在平常一小时基础上，又专门为此案增加了半小时言词辩论时间

或会加入律所，从事与最高法院相关的诉讼业务，或会开创自己的诉讼事业。罗伯茨首席大法官就是依循上述发展路径，并取得耀眼成就者之一。①

① 现任首席大法官约翰·罗伯茨1955年出生于纽约州布法罗市。他以优异成绩读完哈佛本科后，于1979年考入哈佛法学院，担任过《哈佛法律评论》执行编辑。1979年至1980年间担任联邦第二巡回上诉法院法官亨利·弗兰德利的法官助理，1980年出任时任最高法院联席大法官威廉·伦奎斯特的法官助理。后先后任职于里根行政分支的司法部（1981—1982）、白宫法律顾问办公室（1982—1986）。1989年至1993年出任副首席政府律师，代表联邦政府在最高法院出庭。1986年至1989年间，以及1993年至2003年间，他作为私营律师，在华盛顿特区执业。2003年，他被任命为哥伦比亚特区巡回上诉法院法官。2005年进入最高法院时，他是自1801年履任的约翰·马歇尔以来最年轻的首席大法官，年仅50岁。

言词辩论是最高法院对外公开的环节，但实质工作大部分发生在幕后。首先是选案程序。近几个开庭期，最高法院收到了大约8000件复审申请。这些申请被称为调卷复审令状申请（petitions for a writ of certiorari），“certiorari”是一个拉丁词语，原意是“得了解”或“弄清楚”。在更随意和更常见的情况下，
52 请求最高法院复审的申请被简称为“复审申请”（cert petitions）。按照《最高法院诉讼规则》的要求，这类申请必须符合固定格式。首先是“提请复审的问题”，应“力求简短，切忌长篇大论或啰唆重复”。陈述应简洁明了，不含作为附件提交的下级法院判决，陈述不得超过9000个字。除非最高法院批准延期，申请必须在拟上诉案件的判决作出后90天内提交。

最高法院在处理这些申请方面，有完全的自由裁量权。（有一小类案件不是以复审申请，而是作为“管辖权声明”提交到最高法院的。从具体操作上看，对这类案件，大法官需要采取如下措施：驳回上诉；在不发布判决意见的情况下作出简易裁决；或者“确认管辖权”，开庭审理此案，和其他案件一样处理。对管辖权问题的深入讨论，已超出本书范围。这里只需指出：这一曾经重要的属于“强制性上诉”类别的案件，目前仅限于《投票权法》引发的诉讼。1980年代中期，国会同意了大法官们关于剔除绝大多数其他类型强制管辖权类案件的要求，最高法院由此获得更大的选案裁量权。）

《最高法院诉讼规则》第十条提醒复审申请方，“根据调卷复审令状启动的复审并非基于权利，而是基于司法裁量权”，而且申请只有“具备确有必要的事由才会被批准”。规则随后列举了“最高法院考虑的事由类型”。所列事由主要是联邦下级法

院之间或州法院之间在“重要联邦问题”上存在的分歧。《国内税收法典》或任何其他联邦法律中某个条款的含义，在任何巡回法院都应该是一样的，无论是在位于波士顿的第一巡回上诉法院，还是在位于芝加哥的第七巡回上诉法院。同样的道理，无论是加州最高法院，还是纽约州最高层级的上诉法院，对联邦宪法某个条款的解释也应当是一致的。（当然，州法院可以自由解释本州宪法，赋予个人权利比联邦宪法更多——但不能更少——的保护。）律师为了说服最高法院受理某个案子，通常会努力证 53
明此案存在《最高法院诉讼规则》第十条中提到的法律分歧。即便如此，相关法律问题是否足够“重要”，以至于能够吸引到大法官们的注意力，还是完全由大法官决定。

按照传统的“四票规则”，要有四位大法官投票同意受理某起案件，才能“批准调卷复审令”。四票距离形成多数当然还差一票，但是，这个规则在大法官们态度坚决、票数接近的案件中，必然会激起策略性行为。设想一下，有四位大法官被申请人说服，认为下级法院的判决存在严重错误，应当批准复审。如果他们不确定能最终争取到第五张票，或许会放弃受理这起案件的机会，因为这样总好过在全国范围内创制一项“错误”规则。政治学家把这种做法称为“防御性驳回”。[①]然而，更多情况下，大法官会认为，案件的最终结果不如解决下级法院之间的法律分歧那么重要，尤其是在法律解释类案件中。如果国会不同意最高法院对法律解释类案件的判决，他们可以用修改法律的方式

① 关于“防御性驳回”的详细介绍，参见［美］H.W.佩里：《择案而审：美国最高法院案件受理议程表的形成》，傅郁林、韩玉婷、高娜译，中国政法大学出版社2010年版，第192—206页。

推翻判决。

每年从几千份申请中筛选出几十起准备受理的案子，对一所仅由九位成员组成的法院来说，是一项令人望而生畏的任务。1970年代中期，由于申请量骤升，大法官们找到一种办法来减轻工作负担，即让年富力强的年轻法官助理组成“集体审议小组”（cert pool）。按照这一做法，每份申请都由审议小组中的一名助理代表参与小组的全体大法官进行审查。该助理会撰写一份备忘录，总结下级法院判决内容，列出同意受理和不同意受理的主张，并提出处理建议。当然，也仅仅只是建议而已。参加“集体审议小组”的多数大法官（近年只有一到两人不参加）会从自己的四名助理中派出一人，结合大法官的个人立场，对小组提出的建议进行审查。即便如此，“集体审议小组”制还是遭到许多批
54 评。批评者认为，这一制度不仅使最高法院更有可能与重要案件失之交臂，而且很可能加重在拒绝受理方面的顽固偏见。按照这些人的说法，法官助理们建议批准申请时，既要担心大法官拒绝建议，还害怕发生更糟糕的情形：大法官受理后才发现，这些案件按程序法的要求，应当驳回才是。“集体审议小组”制的支持者则认为，上述疑虑都是夸大其词。他们指出，任何真正重要的议题都必定会多次诉至最高法院，并且最终都会被注意到。

对最高法院选案程序更为细致的批评——其实更大程度上是经过观察给出的评论——来自学者们。他们认为，最高法院受理的案件要么不能反映在公众看来最为重要的那些问题，要么只反映某个重要议题的某一非典型侧面，对于解决典型案件毫无助益。例如，2007年，最高法院十年来第一次就公立学校学生的言论自由权利作出判决，这个议题向来受到社会各界广泛

关注。但最高法院却选择了一起过于特殊的个案，这起名为“莫尔斯诉弗雷德里克案”的案件，涉及校方对一个打着措辞含糊的条幅，有可能表示也有可能未表示支持使用违禁药品的学生的处罚。[①]对校区如何处理常见的因学生关于政治、校规或性取向的言论引发的争议，终审判决并没有提供任何指导。正如最高法院研究领域的顶尖学者桑福德·列文森指出的，最高法院审理的案件必然只局限于“可诉的宪法”内容，即那些可以作不同解释、充当律师和法官解释法律的渊源的宪法条款。与此相对的则是“刚性的宪法”内容，即具有重大意义的结构性条款，如小州在联邦参议院拥有的过度代表权，这类条款不在任何法院的审理范围之内。列文森写道，“执着于可诉的宪法内容”，导致人们“过高估计了法院和法官的重要性，无论是正面作用，还是负面作用”。 55

拒绝复审既不会设定一个先例，也不意味着最高法院赞成下级法院的判决——这一点常被人们误解。申请被以“拒绝复审”的形式驳回，原因有很多。这其中不仅包括偶尔出现的“防御性驳回”，更常见的原因则是缺乏实质冲突甚至缺乏实体性法

① “莫尔斯诉弗雷德里克案”：2002年1月，冬季奥林匹克运动会火炬传递要从阿拉斯加州朱诺地区经过，为庆祝这一盛举，沿途的朱诺—道格拉斯高中准许在校学生暂时停课，并在老师指导下到校门口观看。火炬经过时，站在学校街对面的几名高中生突然打出一条巨大的横幅，横幅上写有“为耶稣抽大麻”（BONG HiTS 4 JESUS）字样。校长看到这个横幅后非常震惊，跑上前去要求学生们把横幅拿掉，其中一名叫约瑟夫·弗雷德里克的学生拒不服从，被勒令停课十天。他随后提起诉讼。2003年，阿拉斯加州联邦地区法院作出有利于校方的裁决，指出：学生们当时观看冬季奥林匹克火炬接力跑，是学校组织的活动的一部分，因此，在这期间如果出现赞同吸毒的言论，学校负责人完全有权斟酌处理。案件上诉至联邦第九巡回上诉法院后，该院作出了有利于学生的裁决，裁定校方侵犯了学生的言论自由权。判决认为，即使是高中生，只要他的言论没有扰乱学校活动或教学任务，他就有权发表自己的言论。校方上诉至最高法院后，最高法院支持了校方的观点，罗伯茨亲自起草的法院意见指出：勒令停课的行为没有违背宪法的规定。

律问题（许多复审申请会请求重审案件的事实问题），又或大法官认为某个案子固然涉及有意思的议题，却由于任何一种程序性问题而属于“蹩脚的载体”。

除非大法官采取进一步措施，所有的调卷复审令状申请都会被视为驳回。所以，第一步是要将申请从俗称的“死亡清单”转移到“待议清单”上，供大法官们在每周例会上讨论。首席大法官负责决定哪些申请入选待议清单，并主持会议，大法官们在会上以年资为序，依次发言并投票表决。（当周听审案件的讨论与投票，也适用同样的程序。）会议通常在周五召开（5月和6月则安排在周四），会议上形成的“指令”——受理或拒绝受理案件的清单——会在下周一公布。最高法院通常不会给出受理或拒绝受理的理由。但在极个别情况下，“指令清单”会附上一位或多位大法官对驳回复审申请决议的异议意见，他们会在异议中解释为什么认为此案本该受理。

按照法律规定，最高法院的开庭期从每年10月第一个周一开始。但是，大法官们其实在之前一周，即9月的最后一个周一，就已经开始工作了，他们会开会审议夏季闭庭期内陆续积压的大量调卷申请。法律并没有规定每个开庭期结束的确切日期。大法官们通常会把目标定在6月最后一周，而且几乎总能如期结束。除了发生紧急情况，4月底之后就不再开庭，大法官们会利用5月和6月，撰写本开庭期七个言词辩论期中未决案件的判决
56 意见。（为确保这一机制如常运转，当年1月后新批准受理的案件要到秋天到来，新的开庭期开始之后才听审。）与许多经常把一个开庭期的案子拖到下一个开庭期审理的法院不同，最高法院一直严格坚持当期开庭、当期处理。任何案件开过庭后，如果

本开庭期未能下判，必须在下一个开庭期完全重新听审。这一强制性规则可以激励大法官们努力工作，尽可能在6月份审结本开庭期的所有案件。由此也催生了一个略带贬义的短语，“六月判决”，形容那些匆匆忙忙赶出来，明显有拼凑痕迹的判决意见。

每个开庭期最重要的判决，大多数会在6月宣判，所以许多人认为大法官们可能是故意把好戏留到最后揭晓。事实却远非如此。最高法院通常从11月就开始发布判决意见，之后的开庭期内陆续都有意见发布。但是，自然而然地，分歧最小的案件，即会得出一致或近乎一致的判决的案件，会最早宣判。疑难复杂案件，或其他基于这样或那样的原因引发诸多协同意见或异议意见的案件，耗时更长，甚至会旷日持久，直到7月4日国庆周末迫近，面临时间压力，大法官们才会在最后一分钟作出妥协，赶在6月底宣判。

判决意见会在开庭当天，庭审开始前公开宣读。撰写多数方意见的大法官会宣读判决要旨。撰写异议意见的大法官如果觉得情绪激动，不吐不快，之后也可以宣读异议意见的要旨。大法官当庭宣读的，并非判决正式文本的一部分，而是从长篇意见中撷取的、有助于现场听众厘清案情的要点。与其他法院不同的是，最高法院对宣判日期不会提前作出任何预告，法庭内的宣判就是官方首次宣告案件已经判决。宣判后，正式文本将在数 57
分钟内上传到最高法院官方网站上（www.supremecourt.gov）。最高法院也会在网上公布每日的庭审记录。每周五，网站还会公布本周庭审的音频记录。

近些年，互联网进一步拉近了最高法院与公众的距离，拉近程度甚至连几年前都无法想象。网站上除了可获取其他资源外，还可以获取就已受理案件提交的诉状（得益于最高法院与美国律师协会的合作），以及每份调卷复审令状申请经过的全部程序，无论是被批准的还是被驳回的申请。以前需要前往最高法院书记官办公室才能拿到的最高法院待审案件表和审判流程方面的信息，现在只需轻点鼠标即可获取。

最高法院一楼设有媒体工作室。调卷复审令状申请和诉状都有副本供媒体取阅，所有庭审也会为记者们预留专门席位。电视台记者也是最高法院报道团队的成员，但法院不允许摄像机或其他摄影设备进入法庭。戴维·苏特大法官说过，电视摄像机若想进入法庭，除非跨过他的尸体。极少有大法官如此形象地表达自己的反对立场，也从未有过哪位大法官站出来表态
58 支持过电视直播。

第六章

最高法院与立法、行政分支

“三权分立”这个短语，易令人产生误解，以为联邦政府三大分支各自在自己的职权范围内运行。更准确的形象是，三者之间存在着某种互动关系，最高法院是其中一个积极的参与者。即使最高法院与总统、国会表面和平共处时，三者之间的关系也暗自紧张，这反映的与其说是机制障碍，不如说是部门界限和决策方式上的截然差异。三者关系会周期性地恶化，一开始是失衡，之后则可能以权力斗争的形式表现出来。不止最高法院，作为一个整体的司法系统，都会手握可资调用的重要工具，参与到各政治分支之间的互动当中。它面临的挑战，亦即它“永久的两难困境”，用从事司法研究的著名学者斯蒂芬·伯班克的话说，在于“参与到政治体系中，但又不沦为政治的牺牲品”。

正如伯班克指出的，不同政府分支之间的关系在多大程度上受形式结构主导，就在多大程度上受各种行为准则和传统惯例主导。例如，宪法允许国会弹劾并免去联邦法官的职务，但弹劾标准是这名法官犯下刑事罪行或严重失德，而不是国会成员

图10　2009年1月14日，距离宣誓就职还有六天，当选总统奥巴马携尚未履任的副总统拜登在最高法院内部会议室拜访诸位大法官。从左至右，依次是：奥巴马；小约翰·罗伯茨首席大法官；约翰·保罗·斯蒂文斯大法官；露丝·巴德·金斯伯格大法官；戴维·苏特大法官；安东尼·肯尼迪大法官；安东宁·斯卡利亚大法官；斯蒂芬·布雷耶大法官。克拉伦斯·托马斯大法官和小塞缪尔·阿利托大法官缺席

59 不喜欢他的判决。

透过大法官们与国会或白宫立场不一致的案件，可以检视最高法院与其他政府分支的关系。重要的最高法院案件犹如一出大戏，各大权力机构都是演员，最高法院也不例外。有些演员会成为胜利者，有些演员则沦为失败者。但是，必须认识到一点：在法庭之外，最高法院其实是以不那么戏剧性的方式，频频与其他政府分支发生联系的。最高法院每年都会向国会提交年度预算申请，大法官们也会轮流到国会相关小组委员会作证，陈述最高法院的经费需求。国会决定着大法官和全体联邦法官的薪酬。约翰·罗伯茨成为首席大法官后，将说服总统和国会给

久未涨工资的联邦法官加薪视为一项要务，但他的请求始终被置之不理。 60

司法部长，会同参众两院司法委员会主席及高级成员，每年会造访两次最高法院，与首席大法官和司法联席会议成员会面。这类非公开会面讨论的议题，包括临近的立法规划和更宽泛的政策问题。反过来，每年1月，最高法院也会受邀听取总统对参众两院所作的国情咨文报告。根据以往的惯例，即使不是全体大法官，至少也会有几位大法官到场。2010年1月，奥巴马总统利用这一场合，批评了最高法院一周前作出的一项判决，这起名为“公民联邦诉联邦选举委员会案”的案件的判决根据宪法第一修正案，赋予企业更广泛的资助政治竞选的权利。电视摄像机摇向大法官们时，拍到阿利托大法官喃喃自语，以一句“并非如此”回应奥巴马总统对此案判决的评价。罗伯茨首席大法官事后高调质疑大法官继续参加国情咨文发布会的必要性，认为这类场合“非常恼人”，与其说是国家仪式，不如说是“学生的动员大会”。2011年的国情咨文发布日临近时，对于大法官们到底会如期而至，还是敬而远之，人们都心存疑虑。阿利托大法官那天有意去了夏威夷。但罗伯茨首席大法官和另外五位大法官还是莅临现场，总统在走向讲台经过他们身边时，向他们表示了问候。

国情咨文发布会上这段插曲，或许会被描述为一段反映部门之间紧张关系的情节剧，更严肃的关系，则表现在国会不断尝试剥夺联邦法院或最高法院对某些案件的管辖权。国会里的南方议员和其他保守派对沃伦法院的判决的回应，就是不断抛出提案，试图剥夺最高法院对校园种族隔离、州议会议员名额分配、反共忠诚和安全事务等案件的管辖权。公立校园祈祷、朗诵

61 效忠誓言和公共场所“十诫”陈设物引发的案件，都成为国会议员泄愤的靶子和呼吁剥夺管辖权的对象。此外，最近几年，刑事量刑问题也导致国会与联邦法院系统关系紧张。国会的资深共和党议员指责联邦法官量刑过宽。2003年，国会制定了一部法律，要求联邦法院就量刑幅度低于《联邦量刑指南》的判决向国会提供报告。伦奎斯特首席大法官谴责了这项被称为“菲尼修正案”的立法，说它是“试图对法官个人履行司法职责施加威吓的无理且有欠考虑的做法”。

最高法院对司法审查权的使用，也是导致分支之间紧张关系经常发生、不断持续的因素。与通过剥夺法院管辖权的方式应对最高法院的宪法类判决相比，国会反制最高法院法律类判决的措施要更频繁、更有效。1990年代初，由于最高法院几年前在一系列民权案件中向右转，国会不得不作出激烈回应。1990年和1991年通过的多部立法推翻了最高法院的十多个判决。

2009年1月，奥巴马总统上任后签署生效的第一部法案，就是《莉莉·莱德贝特公平薪酬法》，这部法律推翻了最高法院2007年在一起就业歧视案中的判决。“莉莉·莱德贝特事件”生动说明了最高法院的判决能把一项议题既推上国家的法律议程，又推上政治议程。莉莉·莱德贝特是一家轮胎厂的管理人员，也是这个岗位上唯一一名女性。她在退休之后，才知道自己多年来领的工资，一直比厂内任何一名男性少。她根据1964年《民权法》第七节提起诉讼，这部法律禁止在工作场所出现基于种族和性别的歧视。法律要求当事人必须在“歧视行为”发生后的180天内起诉。尽管雇主针对莱德贝特的歧视很多年前就
62 已开始，但她的律师声称，根据负责实施相关法律的联邦机构对

180天时限的解释，她有权提起诉讼。按照该机构确立的“时效随支薪行为递增”规则，雇主每次支付薪水，都体现了歧视待遇，如此一来，诉讼时效就可以重新起算。大多数联邦巡回上诉法院赞同该机构的解释，但位于亚特兰大的第十一巡回上诉法院，即审理莱德贝特案的法院，却拒不接受上述机构确立的规则，推翻了陪审团之前作出的由轮胎公司赔偿300万美元的一审裁决，并驳回诉讼请求。

2007年，最高法院在“莱德贝特诉固特异轮胎和橡胶公司案”中，以5票对4票判定维持原判。多数方意见的裁判依据，是最高法院早年在其他就业歧视行为（如解雇、不予晋升或不予录用）上适用1964年《民权法》第七节“180天限制”规定的判例。阿利托大法官撰写的多数方意见指出，同样的规则应适用于“情况略有不同”的不平等薪酬案件。位于异议一方的金斯伯格大法官反驳称，本案事实上与先例存在关键性的不同。她说，解雇、不予录用或不予晋升都是公开的行为，容易认定，但是，多数私营公司雇员是无法探知同事拿多少工资的。金斯伯格大法官认为，由于莱德贝特与其他雇员一样，工资也是定期增加的，所以她没有合理理由怀疑自己在退休时的薪酬比男同事少了40%之多。

金斯伯格当庭宣读了自己的异议意见，这是异乎寻常的做法。她的举动使该案判决更加引人注目，人们不再将之视为解决劳动法中模糊条款的技术性判决，而把它看做关于民权、意识形态斗争和最高法院未来的新前沿。当时，由小布什总统任命的阿利托大法官作为最高法院的最新成员，上任还不到18个月。如果他的前任桑德拉·戴·奥康纳大法官还在，十有八九会投票支持另外一方，最终判决结果也会迥然不同。国会中的民主党人迅速采取措施，打算以修正《民权法》第七节的方式，推翻最高法院这一判决。2008年春，参议院的共和党人阻止了这一修正案通过。这起意外事件当然的女主角莉莉·莱德贝特，成为所有此类进步人士的有力象征，这些进步人士对刚完成人员更替的罗伯茨法院和共和党赢得2008年总统大选的前景心怀恐惧。2008年夏天，莱德贝特在民主党全国大会发表演说，争取到民主党在国会重新推动法案的承诺。这股动力最终促成法案在国会通过，并呈至新总统案头。

在激起轩然大波的“莱德贝特案”判决之后的那个开庭期，随着就业歧视问题骤然凸显，最高法院对雇员们关于工作歧视的抱怨似乎变得热心起来。在数起案件中，多数方的意见都支持了雇员一方。

“莱德贝特事件”来去匆匆。完全可以预见的是，未来关于立法意图和联邦法律含义的零散争议，也会如此骤来骤去。但是，围绕国会立法权的范围，最高法院与国会之间还有更深入的宪法层面的斗争，这样的斗争可以追溯到建国之初，会周期性地爆发而又平息，但并无终结迹象。或许，这类冲突本来就内置于宪法设计之中。

进入现代，政治分支与最高法院之间的严重冲突有两个重要阶段，中间间隔了60年时间。第一阶段是关于“新政”的斗争。富兰克林·罗斯福总统第一任期内，最高法院内的保守派成员组成的多数方，废止了新行政分支经济复兴计划的多数内容。最高法院判定，国会制定的包括《国家工业复兴法》和《农业调整法》在内的十几部法律，不管从规制州际商事还是从提供公共福利方面来说，都是越权行为。罗斯福宣布，是时候“采取措施，从最高法院手中拯救宪法了”。

1937年初，罗斯福连任后，提出《司法系统改组法案》，即众所周知的“法院填塞计划”。根据这一提案，只要有任何一位在任大法官超过70岁还没退休，总统就可以任命一位新大法官——根据当时在任大法官的年龄状况，罗斯福可以新任命六位。提案引起巨大争议，最终因被参议院司法委员会否决而作罢。然而，由于最高法院迅速转向，开始支持《社会保障法》和高度注重劳工权益的《国家劳资关系法》等“新政”关键措施，罗斯福还是被视为获胜者。接下来，美国进入了联邦政府权力急剧扩张、日益介入社会生活的时期，要到将近60年后，最高法院才再次以超越立法规制商事的权限为由，宣布国会出台的法律无效。

这场纷争于1995年重启时，最高法院的目标，是一部禁止在校园附近持枪的含义模糊的联邦法律。由于各州都有类似立法，这部名为《校区禁枪法》的联邦法律命运如何关系不大。然而，最高法院在“美国诉洛佩斯案”中判定这部法律无效，宣告了伦奎斯特法院联邦主义革命的开始。[①]伦奎斯特首席大法官在

① “美国诉洛佩斯案”：1990年代，保守派大法官占据最高法院多数席位，他们试图通过判决，从宪法基础上削弱联邦政府的权力，强化联邦主义观念。“美国诉洛佩斯案”提供了一个很好的机会。1992年3月10日，一个叫洛佩斯的学生携带一支手枪来到圣安东尼奥的埃迪森高中。校方接获匿名举报后，迅速将洛佩斯拦下，武器被搜出后，后者很快被逮捕，根据德克萨斯州法律，他将因在校园持有武器而被起诉。但是，到了第二天，州内的起诉被撤销，取而代之的是联邦检察部门的起诉，指控他违反了1990年《校区禁枪法》，该法禁止在校内或学校附近持枪。洛佩斯被判六个月监禁，他的律师随即以《校区禁枪法》侵犯州权为由提起上诉。1995年4月26日，最高法院以5票对4票作出判决，宣布《校区禁枪法》违反了宪法“商事条款”。首席大法官伦奎斯特主笔的多数方意见（奥康纳、斯卡利亚、肯尼迪和托马斯加入该意见）判定国会立法因超越宪法“商事条款”赋予的权限而无效。伦奎斯特在意见中引用了詹姆斯·麦迪逊在《联邦论》第45篇中的一段话：“新宪法授予联邦政府的权力很少而且有明确的规定。各州政府所保留的权力很多但没有明确的规定。”此案详情，可参见［美］杰弗里·图宾：《九人：美国最高法院风云》，何帆译，上海三联书店2010年版，第76—77页。

多数方意见中写道，如果维持这部法律的存在，将会混淆“真正的国家事务与真正的地方事务之间的界限”。这一分析意味着一个漫长时段的结束，此后最高法院将不再允许国会自行在特定立法中判断，国家事务与地方事务之间的界限是否对任何一种特定的立法都至关重要。本案判决是以5票对4票作出的，异议方迅速指出了可能的影响。苏特大法官警告说，“看来可以合乎情理地问一句，最高法院今天迈出的一步，是否预示着本院近
65 60年前就已摆脱的根本站不住脚的司法理念再次回归？”

随后，最高法院又马不停蹄作出了一系列内部分歧较大的判决，不仅根据宪法“商事条款”，还依照第十四修正案，限定国会的立法权限。根据宪法第十四修正案第五款，国会“有权以适当立法实施本条规定”——换句话说，这也是该修正案第一款关于正当法律程序和平等保护的内容得以实施的保障。在1990年代联邦主义革命推进过程中突显出来的问题，就是第五款中“实施”（enforce）一词的含义，以及第十四修正案第五款赋予国会立法权限的范围。国会的权力是否仅限于实施那些已经被最高法院采纳的对正当法律程序和平等保护作出的解释？或者国会有实质权限根据自己的宪法观点立法？

这一问题还与针对保护宗教自由的争论交织在一起，后者首先令大法官们产生分歧，随后酿成最高法院与国会的冲突。在1990年的一个判决中，最高法院拒绝为一些人提供保护，这些人主张自己的宗教信仰要求豁免于一项普遍适用的法律的约束。在这起名为“俄勒冈人力资源厅劳动处诉史密斯案”的案件中，最高法院判定，在宗教仪式上服用致幻药物佩奥特碱的美籍印第安人，如果因违反雇主禁止吸食毒品的规定被开除，不得

享有领取失业救济的宪法权利。

作为回应，国会迅速通过一部法律，并略带挑衅地将之命名为《宗教自由恢复法》。新法规定，一部貌似宗教中立的法律，不得以对宗教活动造成负担的方式适用，除非政府可以证明这种负担服务于“紧迫利益”。德克萨斯州伯尼市的一个罗马天主教教区援引《宗教自由恢复法》，要求拆毁一座受历史遗迹维护法典保护的老教堂，以便重建一座新的更大的教堂。教会认 66
为根据《宗教自由恢复法》，此事可以免受《历史遗迹维护法》规制。市政府则反过来宣称，《宗教自由恢复法》违反宪法。市政府提出，第十四修正案第五款授权国会立法矫正对宪法权利的侵犯，而不是立法赋予某种权利比最高法院已界定的范围更宽泛的含义。

在1997年的“伯尼市诉弗洛里斯案”中，最高法院以6票对3票，支持了市政府的主张。最高法院指出，国会实施宪法的权力仅是“矫正和预防”性质的，因而不采纳“任何关于国会根据第十四修正案拥有实质性的、非矫正性的权力的说法”。肯尼迪大法官主笔的多数方意见，在形式上带有权力分立主义者的口吻。“最高法院解释宪法时，是在做司法分支分内之事，履行界定法律的职责。”肯尼迪大法官的话，援引了马歇尔首席大法官在“马伯里诉麦迪逊案”中为人熟知的判词。他总结道：“国会权力的范围虽然宽泛，却受第十四修正案‘实施法律条款’约束，《宗教自由恢复法》违反了权力分立和联邦权力平衡赖以维持的关键原则。”

伦奎斯特法院的多数方采用了对第十四修正案第五款和宪法“商事条款”的类似解释，来推翻其他法律，如《防治对妇女施暴法》，这部法律允许性别暴力的受害妇女在联邦法院起诉施暴者（2000年“美国诉莫里森案”）。最高法院同时判决，各州（作为雇主）不必受反对雇佣歧视的联邦法律的约束，不管反对的是年龄歧视（2000年“基梅尔诉佛罗里达州高等教育监管委员会案”）还是残疾歧视（2003年“阿拉巴马大学董事会诉加勒特案”）。

出人意料的是，2003年，在伦奎斯特首席大法官本人的引领下，最高法院突然转向，驳回了质疑《家事和医疗假期法》合宪
67 性的一项类似诉求。这部法律要求政府雇主与私营雇主一样，应留给雇员处理家庭紧急事务的时间。伦奎斯特首席大法官主笔的多数方意见判定，不遵从这项法律的州不得豁免于诉讼。这起名为“内华达州人力资源厅诉希布斯案”的案件的判决，似乎意味着联邦主义革命已经自然而然地展开。但是，历史经验告诉我们，最高法院与国会在这个特定问题上的对抗，其表面上的中断只是暂时现象。至于这个“暂时”是指几年还是几十年，其实并不确定。

最高法院与总统之间的斗争，在小布什行政分支对“9·11”恐怖袭击的回应引发的案件中体现得格外明显，这种斗争既有当代回响，也在历史上有着根深蒂固的渊源。后人常援引安德鲁·杰克逊总统对最高法院支持切诺基印第安人的判决的回应：“既然约翰·马歇尔判了，就让他去执行吧。”其实，他可能没有说过这句话。不过，这句话之所以给公众留下深刻印象，是因为在我们的设想中，总统最希望能对最高法院这么说。我们能够想到的最高行政首长，比如理查德·尼克松，在1974年“美国诉尼克松案”中被最高法院勒令交出作为罪证的“水门录音

带”；再比如比尔·克林顿，在1997年“克林顿诉琼斯案”中，面对某位女士的性骚扰指控而被剥夺民事诉讼豁免权。

1952年，杜鲁门总统介入战时劳资纠纷，最高法院对这一做法的回应，在半个多世纪后，仍然象征着最高法院有权拒绝总统所主张的紧急状态特权。事实上，它远不是一个象征符号那么简单：钢厂接管案，即众所周知的“杨斯顿钢铁公司诉索耶案”，近年来被最高法院多次援引，用于抑制总统所主张的在关塔那摩湾实施羁押政策的单方面权力。

根据杜鲁门的命令，联邦政府为预先阻止钢厂工人罢工，避 68
免罢工影响国家在朝鲜战争期间的军火产量，决定接管国内所有钢厂。钢铁业诉至联邦地区法院，抗议接管措施。这起案件在强烈的紧迫感驱使下迅速推进，从提起诉讼，到最高法院作出判决，相隔不到两个月。所有成员都由罗斯福和杜鲁门任命的最高法院，以6票对3票作出对总统不利的判决。雨果·布莱克大法官撰写的多数方意见驳回了总统的主张，即尽管缺乏法律的明确授权，总统采取措施的权力包含在宪法第二条之中。罗伯特·杰克逊大法官加入多数方意见，并提交了一份单独的协同意见。正是杰克逊的这份意见，在界定总统权力边界方面，被后世援引得最为频繁。

杰克逊大法官将总统可能实施的行为分为三类，他将之描述为“对某些现实情形某种过于简化的分类，在这些情形下，总统本人可能会质疑、他人也可能会挑战总统的权力”。首先，“当总统按照国会明确或隐含的授权行事时，他的权限处于最大化状态，既包括他自身拥有的一切权利，还加上了国会所能委托的一切权力”。第二，杰克逊大法官将“总统在国会既未授予也未拒绝授予权力的情形下行事”界定为“模糊区域”，在此，总统“只能依靠自己的独立权力”，这种依靠是否合法，“很可能取决于事态的紧急程度和当时不可预知的情形，而不是抽象的法学理论”。最后，“当总统采取的措施违背了国会明确或隐含的意思时，他的权力就处于最小化状态”。杰克逊将对钢厂的接管措施归入第三类，认为总统的行为与国会已经出台的三项立法并不一致。“本案中的行政行为源自总统的个人意愿，代表着未经
69 法律授权而行使权力。”他总结道。

与杜鲁门总统一样，小布什总统宣称，宪法第二条赋予他设立军事委员会的权限，审理那些羁押在关塔那摩湾美国海军基地的“敌方战斗人员”的战争罪行。与“钢厂接管案”时期的最高法院一样，在2006年的“哈姆丹诉拉姆斯菲尔德案”中，五位大法官组成的多数方判定，总统关于自己固有权限的主张并无充分根据。斯蒂文斯大法官在他撰写的多数方意见的脚注中，提到了“钢厂接管案”判决。肯尼迪大法官主笔的协同意见，得到多数方其他三位大法官的加入，这份意见明确按照杰克逊在“钢厂接管案”中的意见框架展开。肯尼迪大法官并没有把总统设立军事委员会的行为归入杰克逊提到的第二类行为（国会缺乏相关规定），而是纳入第三类：总统的行为不符合联邦法律的明确规定。

“哈姆丹案”并非最高法院与小布什行政分支羁押政策的首次遭遇，也不是最后一次。两年前，也即2004年的“拉苏尔诉布什案”中，最高法院否决了行政分支试图令关塔那摩湾的被羁押者脱离联邦法官管辖范围的做法。最高法院判定，从实际功能上看，位于古巴的军事基地属于美国的一部分，因此，在法律解

释上，联邦法院有权根据人身保护令相关法律，审理几百名被羁押者对无限期关押政策之基础的挑战。最后，在国会与恼羞成怒的总统的共同努力下，国会立法剥夺了联邦法院审理关塔那摩湾被羁押者提交的任何人身保护令申请的管辖权。在2008年的“布迈丁诉布什案”中，大法官们以5票对4票判定这项剥夺法院管辖权的立法违宪。[1]

最高法院与政治分支之间的这种短兵相接、兵来将挡的紧张往复，会在新总统入主白宫后暂时中止。国内政策案件开始 70
取代外交事务案件，进入司法领域。然而，没有人可以认为，最
高法院与总统之间旷日持久的争斗会真正偃旗息鼓。 71

① “布迈丁诉布什案”：最高法院在这起案件中判定，宪法关于“人身保护令状”的规定，适用于羁押在关塔那摩的囚犯，国会立法中止令状的行为违反宪法。关于最高法院与关塔那摩囚犯有关的一系列案件的详情，参见[美]斯蒂芬·布雷耶：《法官能为民主做什么》，何帆译，法律出版社2012年版，第十五章“节制总统权力：‘关塔那摩囚犯案’”。

第七章

最高法院与民意

本杰明·卡多佐说过，法官“并非淡然地伫立在偏远苦寒的山巅；那些席卷其他人的伟大浪潮，不会刻意改道，从法官身旁绕行”。[①]卡多佐的这些话，出现在名为“司法过程的性质”的系列讲座的结论部分，时值1921年，卡多佐还是一名州法官，尚未成为最高法院大法官。他的话在多年之后仍显得合乎实际，同时也暗示着一个难解之谜。法官们，包括最高法院大法官们，都活在现实世界里，他们的感知将如何影响自己的判断？更具体来说，最高法院与公众有着怎样的关系？

大法官们本身对此也有话说。“我们法院的判决能否产生力量，取决于公众的信心和信任。”奥康纳大法官在一场名为“作为司法平等的维度之一的公众信任”的演讲中说道。她解释说：“我们没有执行判决的常备军，对于这些判决的正确性，我们

① 本杰明·卡多佐（1870—1938）：曾任纽约州最高法院法官、纽约州上诉法院法官、首席法官、联邦最高法院大法官，被誉为美国历史上最伟大的四位法官之一（另外三位是小奥利弗·温德尔·霍姆斯、路易斯·布兰代斯、勒尼德·汉德）。卡多佐的传记已有中译本，即［美］A.L.考夫曼：《卡多佐》，张守东译，法律出版社2001年版。

仰仗公众的信心。所以，我们必须留意民意和公众对司法制度的态度，我们也必须尽力构建和维系这种信任。”

伦奎斯特首席大法官曾说，如果法官不受民意洪流的影响，
将“的确非同寻常”。“法官只要是正常人，都和其他职业的人一 72
样，终究会受民意的影响。”他在一场名为“宪法与民意”的演讲中说道。他进一步补充说：“如果一位即将履任的法官打算如隐士一般地自我隔离于所有社情民意之外，恐怕会收效甚微；他就算不受当前民意的影响，也会受到履职时的民意的影响。”

尽管说法略有不同，上述司法态度有别的大法官都认为法官对民意的关注不仅在所难免，而且大有裨益，甚至势在必行。两位大法官都将自己的观点付诸实践。多年来，伦奎斯特首席大法官一直是最高法院1966年“米兰达诉亚利桑那州案”判决的坚定批评者，该案判决要求警察在讯问被羁押的嫌疑人之前，必须提醒对方有保持沉默和聘请律师的权利，这一提醒如今已广为人知。但是，当最高法院有机会在2000年推翻“米兰达案”时，首席大法官却将最高法院引向截然相反的立场。在“迪克森诉美国案”中，他撰写的多数方意见并没有推翻“米兰达案”，而是宣布国会试图推翻此案判决的立法违宪。“‘米兰达案’判决的精髓已经如此融入日常警务实践，以至于‘米兰达告诫’已成为我国文化的组成部分。”伦奎斯特写道。

密歇根大学法学院为提升学生的种族多元化程度，采取了考虑申请人种族背景的入学政策，挑战这一政策的官司打到最高法院之前20多年间，奥康纳一直是平权政策的批评者。但是，在2003年的这起名为“格鲁特诉博林杰案”的案件中，她支持了法学院的政策，并代表多数方撰写了判决意见。她在判决中援

引了支持法学院一方的教育界领袖、大企业家和军方领导人提
73 交的“法庭之友”意见书。“为了培养一批被广大公民认同的领导人，通向领袖之路应当对来自任何人种和种族的才俊敞开。”奥康纳如此归纳法学院一方的核心论点。她确信，自己之所以被说服，不仅是因为上述论点本身，还在于它们是由代表了广大精英阶层意见的人士提出来的。

我们无须据此得出结论，认为上面两位大法官在自己曾多次公开表态的问题碰到现实个案具体而清晰的检验时，都可能突然扭转立场。关键在于，他们每个人考虑手头的案子时，都不只是将之视为一个抽象的法律论题，而是把它们看做不仅是在法律因素，也是在社会、政治因素影响下产生的争论。没必要因为上述两个案件的多数方都认为自己代表了公众舆论，而一定要去赞同两种判决结果中的任何一种——事实上，伦奎斯特就在“密歇根案”中持异议意见，并谴责法学院的招生规划是“赤裸裸的促进种族平衡的措施”。

学者们认为最高法院与民意的关系难以捉摸。两位司法行为实证研究领域的顶尖学者，李·爱泼斯坦和安德鲁·马丁，合写过一篇题为“民意影响到最高法院了吗？或许如此（但我们不确定为什么）”的文章。文章梳理了与这一议题相关的诸多政治学文献，其中许多都缺乏说服力，内容也相互矛盾。作者的结论是，最多只能说最高法院与民意似乎存在关联，但没有充分证据“将这种关联上升为因果关系”，也就是说，无法证明民意的确影响着最高法院。

但是，无论如何，民意都不可能只走在单行道上。公众或许会影响最高法院，至少在某些情况下，最高法院也可以影响到公

众。有一个可以追溯到建国之初的经典比喻，将大法官比做教师；一篇名为“作为共和国教师的最高法院”的著名文章描述过早期大法官的作用，说他们巡回审判，向大陪审团介绍法律要点 74
时，正是在履行“国民教师”的职责。作者总结说：“大法官是否应该教化民众，这一点并无疑问，也不可能有疑问，因为在民主政体下，教化与裁判本身就是密不可分的。”

如莉莉·莱德贝特事件所示（2007年的“莱德贝特诉固特异轮胎和橡胶公司案”），最高法院的一纸判决可以成为公共讨论的催化剂。有时，在一个案子宣判甚至开庭之前，受理行为本身就能起到这一作用。1990年代中期，最高法院主动关注宪法是否保护在医生协助下自杀的权利，将这一不受关注的议题带入公众视野，成为舆论焦点。1997年，最高法院在“华盛顿州诉格拉克斯伯格案”判决中，对这一宪法问题给出了否定答案，但公共讨论和争议仍在持续，后来的民意调查表明，越来越多的人支持让绝症患者濒死前能在医生协助下结束生命。就此议题的一项民意研究总结道：“最高法院在这一领域的案子，与在其他领域的一样，将原本非常抽象的哲学和法律争议，变成大众话题。”

为最高法院的司法审查行为辩护者，必须时常与批评者论战，后者认为，由那些并非民选而且终身任职的法官，来判定人民选出的代表制定的法律是否合宪，在本质上是不民主的，或者说“反多数的”。这类批评的力度时强时弱，说明最高法院多少有些偏离民意。其实，不难理解最高法院为何会有规律地偏离民意。由公众情绪变化带来的民选多数派的更迭，远比最高法院的人事变迁快，因为最高法院成员的任期通常有几十年。富

兰克林·罗斯福任命的九位大法官中，最早任命的雨果·布莱克在位时间不仅比罗斯福行政分支长，而且历经杜鲁门、艾森豪
75 威尔、肯尼迪和约翰逊几位总统，在尼克松首届任期过半时方才退休。从1994年中期到2005年中期，是国内政治陷入纷争的一段时期，中间还穿插了2000年大选之争，这期间最高法院席位没有出现一个空缺。逼得罗斯福搬出“法院填塞计划”的大法官们，遭到了左翼的批评；沃伦法院则受到右翼的批评；罗伯茨法院，某种程度上更趋于调和，却再次受到左翼的批评。

然而，随着时间推移，最高法院与公众之间，似乎保持着某种平衡。民意调查经常反映出，对最高法院的“笼统”支持——换句话说，支持这个机构本身，而不是其特定行为——要高于对其他政府机构的支持。当然，这个事实并不能单独说明什么。调查还一再显示，当前的公民教育程度不足，公众对最高法院知之甚少。例如，在2005年的一次调查中，只有55%的受访者知道最高法院有权宣布国会某个措施违宪。（只有三分之一的人可以说出政府三大分支的名称。）所以，公众对最高法院表示的信任，或许反映的是信仰的程度，而非实际知识水平的跃升；人民希望信任某些政府机构，而且更容易判定自己不喜欢政治分支的哪些部分。或者，公众对最高法院的支持，反映了政治学家所说的“合法性假设”，按照这一理论，一旦最高法院就某一议题作出判决，总会有相当数量的民众得出结论：“如果他们认为应当如此，那一定是对的。”

又或者，基于本章开头引用的大法官们表现出的对民意的认识，从长远来看，最高法院还是会回归正轨，避免判决偏离主流民意太远。这并不让人感到惊奇。半个多世纪以前，政治学

家罗伯特·达尔就评论道：最高法院是“政治领导阶层的基本组成部分”，也是“居于统治地位的政治同盟”的一部分。达尔 76
说，因此也就不难理解，“最高法院内的主流政策立场从不会长久偏离美国立法多数派的主流政策立场”。

既然最高法院与政治分支之间的关系是动态的，而非静态的，最高法院的行动引起的反应可能会反过来影响到最高法院，随着时间推移，甚至会促使最高法院改变方向。所以，总统候选人可能将最高法院作为目标，比如理查德·尼克松当年就曾批评沃伦法院关于刑事诉讼程序的判决，许诺上任后任命“对犯罪采取铁腕手段”的大法官。尼克松后来任命的四位大法官，虽然有人在其他方面的确令他失望，但这些人都一直致力于阻止刑事被告权利的扩张，即使沃伦法院的主要判决仍赫然在案。

或许，验证罗伯特·达尔观点的另一途径在于指出，最高法院大法官都是国家的精英，倾向于持有精英立场。这一点在1973年的“罗伊诉韦德案”中几乎是肯定的，在这起案件中，七位大法官组成的多数方判定堕胎是一项宪法权利。七人当中，有四人由共和党总统任命，这其中，又有三人——沃伦·伯格首席大法官、小刘易斯·鲍威尔大法官和多数方意见撰写者哈里·布莱克门大法官——由理查德·尼克松提名到最高法院。“罗伊诉韦德案”的多数方意见对此案诉至最高法院之前，公共健康界和法学界的领军人物持续十年的呼吁作出了回应，这些人要求不再将堕胎行为列为犯罪，而1960年代初，堕胎在各州均被认定为非法行为。另外，最高法院审理此案期间，一份全国性报纸上刊载的一项盖洛普民意调查显示，绝大多数公众赞成这样的说法：“是否堕胎只能由当事妇女和她的医生去决定。”多

数男人、女人、新教徒、天主教徒、民主党人、共和党人（68%的
77 共和党人，相较于59%的民主党人）赞成上述说法。所以，大法官们可以合理推定，他们打算发布的判决，将得到民众的广泛支持——最初的事实也的确如此，但是到1970年代末，随着政治上党争加剧，宗教右翼势力抬头，堕胎议题再次陷入纷争。

对“罗伊诉韦德案”的政治反应来得比较缓慢。1973年1月“罗伊案”宣判后，首个加入最高法院的大法官是约翰·保罗·斯蒂文斯，由杰拉尔德·福特总统在1975年12月提名。不同寻常的是，在整个确认听证会上，被提名人没有被问到一个与堕胎有关的问题。如果把参议员们在最高法院人选确认听证会上的提问，视为观测国家重要法律议题的风向标，我们可以合理推断，堕胎在“罗伊案”法院判决近三年后，仍未成为全国性的政治议题。

然而，在1980年代，最高法院受到不断升级的压力去推翻“罗伊诉韦德案”。先是里根行政分支，接着是老布什行政分支，在五个不同的场合，都要求最高法院推翻这一判决。1980年的共和党全国大会，首次呼吁任命“尊重传统家庭价值观和无辜者生命神圣性”的法官。之后十年间，随着新任命的大法官陆续到任，最高法院内部支持维护堕胎权的多数优势逐渐减小，看似消失。

以上就是1992年总统大选前夕，最高法院受理一起挑战宾夕法尼亚州限制堕胎法的案件时的背景。大家都清楚，这起案件其实是推翻“罗伊诉韦德案”的潜在载体。投票结果似乎也可以预见。但是，几乎令所有人大跌眼镜的是，最高法院拒绝这么做，而是以5票对4票，在这起名为“宾州计划生育联盟东南分

部诉凯西案”的案件中重申了“罗伊案”的“判决精髓”。[1]这份非同寻常的判决意见，由奥康纳、肯尼迪和苏特三位大法官联袂 78 撰写——三人都是1980年之后由共和党总统任命的——其中提到了最高法院承受的压力，介绍了为什么“机构完整性原则”要求重申“罗伊诉韦德案”的判决。三位大法官写道，“如果推翻（‘罗伊案’）判决，将会付出巨大代价”，这么做“将严重削弱最高法院施展司法权力的能力和作为致力于法治事业的一国最高审级法院的功能”。

三人联合撰写的判决意见充分展示了最高法院对自身与民意关系的立场，有必要大段援引如下：

> 宪法授予联邦司法系统，尤其是授予最高法院的权力，是美国政府权力根源的最佳展现。正如每一代美国人都被正确告知的，对最高法院判决的支持是花钱也买不来的，而且，除非在极小程度内，它也不能独自强迫人们遵守其命令。最高法院的权力，来自它的正当性，这种正当性既寓于实体也寓于感知，它体现在法官对法律含义的解释和法律要求的宣示能够被广大人民所接受。

① “宾州计划生育联盟东南分部诉凯西案”：该案由宾州一部法律引发，这部法律要求医生必须向打算堕胎的妇女介绍堕胎程序的性质、胎儿的发育情况、堕胎的替代措施，之后这些妇女必须再等待24小时。除此之外，未成年人打算堕胎时，必须征求父母一方的同意；已婚妇女必须把堕胎意图告诉丈夫，否则将面临一年监禁。反堕胎组织原本打算借此案促成最高法院推翻著名的“罗伊诉韦德案”，但最高法院以5票对4票挫败了反堕胎者的努力，奥康纳、肯尼迪、苏特代表最高法院撰写了多数方意见。关于此案详情，以及三位大法官“联手”主导“凯西案”判决的经过，参见［美］杰弗里·图宾：《九人：美国最高法院风云》，何帆译，上海三联书店2010年版，第37—68页。

判决接着指出，“如果缺乏最令人信服的理由，就在攻击之下重新检视并推翻一个具有分水岭意义的判决，将引发最严重的问题，损害最高法院的合法性”。判决继续写道：

> 一旦作出维持前后一致这一承诺，只要支持该判决的力量依然存在，对问题的理解没有发生根本变化到足以使这个承诺过时，作出承诺者就仍然受到约束……
>
> 在目前的条件下，推翻“罗伊案”的核心判决是错误的，这个错误会深入且毫无必要地损害最高法院的合法性，也会影响整个国家践行法治。因此，确有必要坚持“罗伊案”
> 79 原判决的核心内容，我们今天也正是这么做的。

“凯西案”判决不仅在外部存在持续批评之声，在最高法院内部也招致强烈异议。它没有像三位大法官明确期盼的那样，缓解最高法院受到的压力，或者让那些寻求推翻“罗伊案”的人止步。尽管在语气上局促不安，甚至略有些反应过头，这起案件的判决仍然是公众心目中最高法院回应对自身合法性的威胁的精彩范例。

“凯西案”判决并不存在什么微妙难解的地方。它涉及最高法院熟悉的议题，法院知道支持和攻击分别来自哪里。但是，假设某个议题相对比较新颖，或者是在新的或陌生的背景下诉至最高法院，大法官们又该从何处获取他们所缺乏的知识呢？

答案很明显：相关知识来自各方当事人，以及他们在庭审之前提交的诉状。与调卷复审令申请存在字数限制（9000字）一样，一旦案件被批准受理，各方当事人提交的基于事实真相的诉状也有字数限制（每方15 000字，申请方提交的答辩状为额外6000字）。通常情况下，各方当事人几乎都会穷尽所有给定的篇幅，陈述案件背景和法律论点。但是，几乎没有空间留给大法官们最想知道的信息：更宏大的背景，判决对一方当事人或另一方当事人的可能影响。

这时候，就需要“amicus curiae”，也即“法庭之友”意见书发挥作用了。只要双方当事人相互同意对方的“盟友名单”，各方“朋友”数量不设上限，几乎在所有案件中，当事人都会同意对方的名单。（如果双方当事人对此存在争议，最高法院也可以自行批准“法庭之友”意见书的提交。）这个“法庭之友”当然主要是指意见书所支持那一方的朋友，但“法庭之友”的说法，绝非名不副实。一份信息翔实的“法庭之友”意见书可以为大法官们提供帮助，这类意见书的篇幅一般限制在9000字以内，内
容并非重复当事人的诉状，而是提供对诉状有补充作用的有益 80
且相关的信息。奥康纳大法官在“密歇根大学法学院招生案”中对“法庭之友”意见书的信赖，充分说明了这类意见书的重要性。出庭律师也充分重视一份出色的“法庭之友”意见书可能起到的帮助作用，这类意见书的数量已比过去大幅增加。当年，即使在“罗伊诉韦德案”中，各方人士也只提交了15份“法庭之友”意见书，如今，随便一起案件至少也会收到这么多意见书，重要案件则会收到几十份。利益集团一般会在涉及自身利益领域的案件上，用“法庭之友”意见书表明公共立场。意见书随后可能会被分发给利益集团成员或潜在的捐助者，表明集团也成为最高法院诉讼活动的参与者。

代表联邦政府在最高法院的许多案件中出庭的首席政府律

师办公室，也经常提交“法庭之友”意见书，他们会在某些不直接涉及政府的案件中，提醒大法官注意案件对联邦事务可能产生的影响。为了评估提交意见书是否恰当，首席政府律师办公室设有一套机制，了解正在审理的非联邦案件可能涉及哪个联邦机构的利益。但是，没有任何机制是完美的，这套机制最近的一次运作失灵显示，如果大法官无意间依靠了片面信息，将导致什么样的后果。

2008年宣判的“肯尼迪诉路易斯安那州案”，涉及对奸淫儿童但又未伤人命者适用死刑是否合宪的问题。数年前的1977年，死刑恢复执行后不久，最高法院曾在“库克诉佐治亚州案”中判定，判处强奸成年女性者死刑违反宪法。路易斯安那州是少数几个试图将死刑适用范围从谋杀罪扩张到奸淫儿童罪的州之一。那么，对奸淫儿童罪适用死刑是不是属于宪法第八修正案禁止的“残酷且异常的刑罚”呢？

与对待其他明确挑战死刑的案件一样，最高法院调查了各
81 州对类似案件量刑的整体情况。鉴于全国仅有六个州对奸淫儿童者适用死刑，最高法院的多数方判定，反对在这种情形下适用死刑已构成“全国共识”。大法官们最终以5票对4票宣布路易斯安那州相关法律违宪。肯尼迪大法官撰写的多数方意见指出，1990年代，国会扩大了死刑在联邦层面的适用范围，但没有一起涉及奸淫儿童案。这一说法大大加强了多数方的意见。

但是，这一说法并不正确。无论是当事人，还是首席政府律师，又或任何一位“法庭之友”，都没有注意到，就在两年前，国会已将《军事审判统一法典》管辖的军人奸淫儿童的行为列为可判处死刑的罪行。这一令人尴尬的事实直到最高法院正式宣

判之后，进入夏季休庭期才被发现。路易斯安那州政府和首席政府律师办公室都提交诉状，请求最高法院重审此案。诉状流转了几周时间。最终，最高法院宣布维持之前的判决内容。

除了在许多方面给机构带来困窘，信息失误还有一个特别的讽刺之处。最高法院对宪法第八修正案的司法立场，很大程度上取决于大法官们对法律所反映的民意的评估方式。一个明显“异常”的刑罚，其合宪性也会受到质疑。秉持这一标准，最高法院已宣布对犯有谋杀罪行的智障者（2002年的“阿特金斯诉弗吉尼亚州案”）和未成年人（2005年的“罗珀诉西蒙斯案”）适用死刑是违宪的。但是，这类分析必须依靠准确的资讯。最高法院十分注重民意，但它无法解读公众的内心。与我们大多数人一样，大法官们只知道他们了解的事物或者别人告诉他们的事物。 82

第八章

最高法院与世界

独立后的最初十年，新成立的合众国的部分立法者和领袖们，迫切希望国家的法律制度能远离腐朽没落的欧洲旧制度。从1799年到1810年，新泽西州、肯塔基州、宾夕法尼亚州先后立法，禁止州法院援引英国法院自1776年7月4日之后作出的判决。托马斯·杰弗逊在私人通信里，也支持在美国法院中抛弃英国法的做法。

但是，即便在此时期，美国人对外国法的态度也很骑墙，并非普遍敌视。毕竟，《独立宣言》第一段就谈到“对人类公意的尊重”。《联邦论》也提到过500多个外国地名。早期最高法院的判决中，包含大量对外国法律文献的参考；对拿破仑在法国进行的法律改革的介绍，也流传甚广。进入20世纪，美国人已颇为自豪地发现，欧洲国家正纷纷依循美国模式，接受宪法法院的观念，宪法法院有权判定违反国家基本宪章的立法无效。当宪法法院开始在“二战”或“冷战”之后新成立的民主国家发挥作用
83 时，法官普遍会援引美国最高法院的判决先例。

不过，尽管美国最高法院受到广泛尊重，没有一个国家是简单照搬美国经验的。制宪先贤并没有什么实践经验来作为指导，但这些新宪政制度的设计者们可以衡量美国经验的优势和缺陷。他们作出的抉择极具启发性。

例如，世界上没有国家施行法官终身任职制。不得续任的单届任期制是最常见的模式。意大利宪法法院的15位大法官任期为9年，德国联邦宪法法院的16位大法官任期为12年。南非宪法法院是1994年根据废止种族隔离政策后的宪法设立的，它的11位大法官任期为12年。

完整罗列世界各国宪法法院法官的任期将超出本书范畴，上述例子已可表明，其他国家并不打算套用美国模式，推行法官终身任职制。美国法官，甚至是下级法院法官的遴选过程中，都会发生“确认大战”，并非巧合的是，这种情况在其他国家基本上见不到。①这在很大程度上要归因于各国遴选、确认法官的规则有所不同。例如，在德国，确认法官需要议会三分之二的多数通过，这样的规则要求遴选程序从启动伊始，就必须达成有效的政治妥协。但是，通过任期限制实现的定期轮换，可以避免某一阶段的执政党过久地控制司法系统，进而降低斗争的激烈程度。

欧洲国家的法院，至少还有另一项不同之处，即倾向于以全体一致的形式发布判决。单独发布的意见是不受欢迎的，在某些国家甚至被明令禁止。法官若获准发表异议观点，通常会被 84
要求匿名。言词辩论也非常少见。总体来说，这些规则让法官

① 确认大战（confirmation battles）：主要指参议院内与总统不在同一阵营的参议员，为抵制总统提名的联邦法官人选，采取的一系列反对措施。在参议院，总统提名的法官人选只需要一半人投票赞成，就可以通过确认。

图11　1993年1月27日，人们在最高法院门外等候，列队向摆放在最高法院大厅的马歇尔大法官的灵柩致敬

不大可能成为公众人物或者各持己见的人。

单纯进行制度上的比较，当然是不充分的，因为不同的实体法和国内政治背景下衍生出来的制度，明显存在很大区别。上述变量，再加上一些外国法院的司法立场更趋自由化，而美国法院却越来越保守化，解释了为何美国近些年来会出现争议，质疑联邦法官在本国判决中援引外国法院判决的适当性。斯卡利亚大法官和罗伯茨首席大法官曾经抱怨，援引外国法律，就像从人群中挑选自己的盟友——专挑那些能够迎合自己想要的结果的判决。①

批评意见主要集中在最高法院2002年到2005年间发布的三个判决上。三个判决都推动了法律的进步，多数方意见全部援引了外国法院或法官的观点。这些外来资源显然不是被援引来作为判定

① 这里的“外国法律”，泛指国际公约、外国立法或外国法院的判决。

美国宪法含义的决定因素的，也不可能是决定因素。但是，涉及如何在人类尊严观不断演进的全球化背景下解释宪法的问题，光是提到外国法律渊源本身，就足以激怒某些人。其中两个判决涉及死刑。2002年，最高法院在“阿特金斯诉弗吉尼亚州案”中判定，宪法第八修正案禁止残酷与异常刑罚的条款，反对处决患有智障的罪犯。多数方提到了欧盟代表被告方提交的一则意见书。三年后，最高法院又在“罗珀诉西蒙斯案”中，禁止处决被判犯下死罪的18岁以下的人。在这起案件中，多数方除援引美国压根儿没有批准的《联合国儿童权利公约》，还援引了欧洲提交的“法庭之友”意见书。 85

在上述两个判决之间，最高法院还于2003年在“劳伦斯诉德克萨斯州案”中，判定德州一项将男同性恋性行为入罪的法律违宪。这份判决不仅推翻了一个存在了17年的先例（即1986年的“鲍尔斯诉哈德威克案”），而且成为同性恋权利在宪法上的转折点。多数方意见援引了英国1967年使鸡奸行为合法化的法律，以及欧洲人权法院1981年作出的一项类似判决。

这些判决激起国会保守派势力的强烈反对。2004年，“阿特金斯案”和“劳伦斯案”宣判后，众议院司法委员会主席、来自威斯康星州的共和党人詹姆斯·森森布伦纳，对在最高法院召开春季例会的司法联席会议成员发表了演说。这位议员对伦奎斯特首席大法官和其他法官说道：“司法机构对外国法律或法院判决的不当追随，已经威胁到美国主权，动摇了国父们精心设计的三权分立制度，并可能损害美国司法程序的正当性。”他警告说， 86
国会应尽快审议这一议题。国会其他共和党人也发出弹劾威胁，警告称：他们认为引用外国法律的法官违反了宪法第三条关于“品行端正”的要求。

这些争议似乎没能改变最高法院任何人的想法。赞成适用外国法律资源的大法官一如既往，反对者们照样批评。弹劾动议逐渐式微，国会议员的注意力已转向其他目标。无法确定的是，在华盛顿法律界和政治圈热议此事的那几个月，公众甚至是否注意到了这场争论。

然而，显而易见的是，即使大部分人对最高法院都不甚了解，甚至从来没有读过一份最高法院判决，最高法院仍在公共想象空间中占有一席之地。1932年，最高法院大楼奠基时，成千上万的人赶赴现场，庆祝最高法院拥有了姗姗来迟的办公场所。1993年一个寒冷的冬夜里，人们站在最高法院门外等候，只为从瑟古德·马歇尔大法官的灵柩旁走过，他们也是在——以自己的方式——赞颂这位曾以律师身份触动过最高法院，并担任过大法官的人的一生。其他国家根据自身需要，调整本国宪法法院制度时，既会从美国最高法院身上寻找正面榜样，也会从中寻找反面镜鉴，美国最高法院仍是他们心目中无法绕过的图景。而这正是制宪先贤们的内心期盼。在最高法院早期的里程碑判决（即1816年的“马丁诉亨特的租户案”）中，约瑟夫·斯托里大法官指出，最高法院行使的裁判权力，是“作出其他国家都十
87 分感兴趣的正确判决”[①]。时至今日，他们仍在这么做。

① “马丁诉亨特的租户案”：最高法院1816年作出的一起维护联邦权力的著名判决。独立战争期间，弗吉尼亚政府没收了原属于英国贵族费尔法克斯勋爵的一块土地。战后，弗吉尼亚将部分土地赠给戴维·亨特，费尔法克斯勋爵的继承人马丁根据《美英和约》及1795年的《杰伊条约》，要求重新获得上述土地的所有权，弗吉尼亚州上诉法院作出了对马丁不利的裁决，但被最高法院推翻，由此引起弗吉尼亚州“州权至上主义者”对《司法法》第二十五条的质疑。由于父亲曾是费尔法克斯勋爵在美国的地产代理人，马歇尔首席大法官主动申请回避，判决由斯托里大法官主笔。斯托里大法官在本案中判定《司法法》第二十五条没有侵害州权，强调了最高法院作为国家最高司法机构，代表国家行使司法权，维护人民主权的重要职能。

附录1

美国宪法第三条

第一款 联邦司法权，由一所最高法院和国会因时设立的下级法院行使。最高法院和下级法院的法官，若品行端正，应终身任职，按期领取服务薪酬，在其持续任职期间，薪酬不得削减。

第二款 司法权的适用范围，应延伸到由宪法、联邦法律、联邦已经缔结或即将缔结的条约引发的一切普通法和衡平法案件；涉及大使、公使和领事的所有案件；所有涉及海事裁判权及海上裁判权的案件；联邦为一方当事人的讼争；两州或多州之间的讼争；一州与另一州公民之间的讼争；不同州公民之间的讼争；同一州公民因持有不同州颁发的地契而引起的土地讼争；一州或其公民与外国政府、公民或其属民之间的讼争。

对于所有涉及大使、公使、领事的案件和州为一方当事人的案件，最高法院有初审管辖权。对于上述案件之外的其他案件，在事实和法律层面，最高法院都有上诉管辖权，包括事实审和法律审，但国会可以制定规则，设定例外情形。 89

除弹劾案外，所有犯罪均应由陪审团审判，且审判应在犯罪行为发生的州进行，如果犯罪行为发生地不属于任何州，审判应在国会立法指定的某地或多地进行。

第三款 只有对联邦作战、叛投联邦的敌人、为敌人提供资助和便利者，才能构成叛国罪。无论何人，若非经由两个证人证明其公然叛国的行为，或其本人在公开法庭认罪，均不得被判处叛国罪。

国会有权宣布对叛国罪的刑罚，但是，因叛国而被褫夺公权
90 者，其血亲不受连累，其在世期间，财产不得充公。

附录2

《最高法院诉讼规则》

节选自2010年2月生效的新规则

第十条　根据调卷复审令状进行复审时的考虑事项

对调卷复审令状的审查并非基于权利，而是基于司法裁量权。调卷复审令状申请只有具备确有必要的事由才会被批准。下列情形，尽管并非主导或完全符合最高法院裁量标准，但表明了最高法院考虑事由的特点：

（a）一家联邦上诉法院，就同一项重要问题，与另一家联邦上诉法院作出了内容冲突的判决；就一项重要的联邦问题作出的判决，与一家州终审法院作出的判决存在冲突；做法或者严重偏离公认和惯常的诉讼程序轨道；或者认可了下级法院上述做法，必须由本院行使监督权；

（b）一家州终审法院，就一项重要的联邦问题，与另一家州终审法院或一家联邦上诉法院作出了内容冲突的判决；

（c）一家州法院或者一家联邦上诉法院，就一项还未由本院解决，但应当由本院解决的重要联邦法律问题作出了判决，或者就一项重要的联邦问题作出的判决与本院相关判决存在

91 冲突。

如果调卷复审令状申请请求纠正的错误主要是事实认定错误，或者法律适用错误，该申请将很难得到批准。

第十三条　根据调卷复审令状进行复审：申请时限

1. 除非法律有其他规定，针对一家州终审法院或者一家联邦上诉法院（包括美国军事上诉法院）作出的任何民事、刑事判决发出的调卷复审令状申请，必须在宣判后90日内提交至本院书记官……

2. 书记官将拒绝接受任何超过诉讼管辖时限的调卷复审令状申请……

3. 调卷复审令状申请的提交时限从被要求复审的判决或指令作出之日起算……

5. 大法官基于正当事由，可以延长提交调卷复审令状申请的时限，但不得超过60日……不提倡申请延期提交调卷复审令状申请的做法。

第十四条　调卷复审令状申请的内容

1. 调卷复审令状申请应包括如下内容，依次是：

（a）提请复审的问题，要简明扼要陈述案情，舍弃不必要的细节。问题应力求简短，切忌长篇大论或啰唆重复。……问题应列在封面之后的首页，这一页不得出现任何其他信息。对任何问题的陈述被视为明确包含了所有从属性问题。最高法院只
92 考虑申请提出或明确包含的问题……

3. 调卷复审令状申请的语言应当简洁、平实……

4. 如果申请人不能精确、简短、明晰地提出请求，并使之得到及时和充分的理解，本院完全可以据此驳回申请。

第二十八条　言词辩论

1. 言词辩论应根据是非曲直强调和厘清书面诉状中的诉讼要点。出庭律师应假定全体大法官已在言词辩论前读过诉状。不提倡在言词辩论中宣读事先拟好的文稿…… 93

附录3

大法官年表[①]

提名的总统／大法官	宣誓就职日	任期结束日	任职年限
乔治・华盛顿			
约翰・杰伊*	1789.10.19	R 1795.6.29	6
约翰・拉特利奇	1790.2.15	R 1791.3.5	1
威廉・库欣	1790.2.2	D 1810.9.13	21
詹姆斯・威尔逊	1789.10.5	D 1798.8.21	9
约翰・布莱尔	1790.2.2	R 1795.10.25	6
詹姆斯・艾尔德尔	1790.5.12	D 1799.10.20	9
托马斯・约翰逊	1792.8.6	R 1793.1.16	1
威廉・佩特森	1793.3.11	D 1806.9.9	13
约翰・拉特利奇*†	1795.8.12	R 1795.12.15	0.3

① *＝首席大法官；†＝从联席大法官任上被晋升为首席大法官（任职年限仅指担任首席大法官的年限，之前担任联席大法官的时间列在前面）；D=死亡；P=晋升为首席大法官（担任首席大法官的时间单列）；R=退休或辞职。

塞缪尔·蔡斯	1796.2.4	D 1811.6.19	15
奥利弗·埃尔斯沃思*	1796.3.8	R 1800.12.15	4

约翰·亚当斯

布什罗德·华盛顿	1799.2.4	D 1829.11.26	31	
艾尔弗雷德·穆尔	1800.4.21	R 1804.1.26	4	
约翰·马歇尔*	1801.2.4	D 1835.7.6	34	95

托马斯·杰弗逊

威廉·约翰逊	1804.5.7	D 1834.8.4	30
布罗克霍斯特·利文斯顿	1807.1.20	D 1823.3.18	16
托马斯·托德	1807.5.4	D 1826.2.7	19

詹姆斯·麦迪逊

约瑟夫·斯托里	1812.2.3	D 1845.9.10	34
加布里埃尔·杜瓦尔	1811.11.23	R 1835.1.14	23

詹姆斯·门罗

史密斯·汤普森	1823.9.1	D 1843.12.18	20

约翰·昆西·亚当斯

罗伯特·特林布尔	1826.6.16	D 1828.8.25	2

安德鲁·杰克逊

约翰·麦克莱恩	1830.1.11	D 1861.4.4	32

亨利·鲍德温	1830.1.18	D 1844.4.21	14
詹姆斯·M.韦恩	1835.1.14	D 1867.7.5	32
罗杰·B.坦尼*	1836.3.28	D 1864.10.12	28
菲利普·P.巴伯	1836.5.12	D 1841.2.25	5
约翰·卡特伦	1837.5.1	D 1865.5.30	28
马丁·范布伦			
约翰·麦金利	1838.1.9	D 1852.7.19	15
彼得·V.丹尼尔	1842.1.10	D 1860.5.31	19
约翰·泰勒			
96 塞缪尔·纳尔逊	1845.2.27	R 1872.11.28	27
詹姆斯·K.波尔克			
利瓦伊·伍德伯里	1845.9.23	D 1851.9.4	5
罗伯特·C.格里尔	1846.8.10	R 1870.1.31	23
米勒德·菲尔莫尔			
本杰明·R.柯蒂斯	1851.10.10	R 1857.9.30	5
富兰克林·皮尔斯			
约翰·A.坎贝尔	1853.4.11	R 1861.4.30	8
詹姆斯·布坎南			
内森·克利福德	1858.1.21	D 1881.7.25	23

亚伯拉罕·林肯

诺亚·H.斯温	1862.1.27	R 1881.1.24	19
塞缪尔·F.米勒	1862.7.21	D 1890.10.13	28
戴维·戴维斯	1862.12.10	R 1877.3.4	14
斯蒂芬·J.菲尔德	1863.5.20	R 1897.12.1	34
萨蒙·P.蔡斯*	1864.12.15	D 1873.5.7	8

尤利塞斯·S.格兰特

威廉·斯特朗	1870.3.14	R 1880.12.14	10
约瑟夫·P.布拉德利	1870.3.23	D 1892.1.22	21
沃德·亨特	1873.1.9	R 1882.1.27	9
莫里森·R.韦特*	1874.3.4	D 1888.3.23	14

卢瑟福·B.海斯

约翰·马歇尔·哈伦	1877.12.10	D 1911.10.14	34
威廉·B.伍兹	1881.1.5	D 1887.5.14	6

詹姆斯·加菲尔德

斯坦利·马修斯	1881.5. 17	D1889.3.22	7

切斯特·A.阿瑟

霍勒斯·格雷	1882.1.9	D 1902.9.15	20
塞缪尔·布拉奇福德	1882.4.3	D 1893.7.7	11

格罗弗·克利夫兰			
卢修斯·Q.C.拉马尔	1888.1.18	D 1893.1.23	5
梅尔维尔·W.富勒*	1888.10.8	D 1910 .7.4	22
本杰明·哈里森			
戴维·J.布鲁尔	1890.1.6	D 1910.3.28	20
亨利·B.布朗	1891.1.5	R 1906.5.28	15
小乔治·夏伊拉斯	1892.10.10	R 1903.2.23	10
豪厄尔·E.杰克逊	1893.3.4	D 1895.8.8	2
格罗弗·克利夫兰			
爱德华·D.怀特	1894.3.12	P 1910.12.18	17
鲁弗斯·W.佩卡姆	1896.1.6	D 1909.10.24	13
威廉·麦金利			
约瑟夫·麦克纳	1898.1.26	R 1925.1.5	26
西奥多·罗斯福			
奥利弗·温德尔·霍姆斯	1902.12.8	R 1932.1.12	29
威廉·R.戴	1903.3.2	R 1922.11.13	19
威廉·H.穆迪	1906.12.17	R 1910.11.20	3
威廉·霍华德·塔夫脱			
98 霍勒斯·H.勒顿	1910.1.3	D 1914.7.12	4
查尔斯·E.休斯	1910.10.10	R 1916.6.10	6

爱德华·D.怀特*†	1910.12.19	D 1921.5.19	10
威利斯·范德文特	1911.1.3	R 1937.6.2	26
约瑟夫·R.拉马尔	1911.1.3	D 1916.1.2	5
马伦·皮特尼	1912.3.18	R 1922.12.31	10

伍德罗·威尔逊

詹姆斯·C.麦克雷诺兹	1914.10.12	R 1941.1.31	26
路易斯·D.布兰代斯	1916.6.5	R 1939.2.13	22
约翰·H.克拉克	1916.10.9	R 1922.9.18	6

沃伦·G.哈定

威廉·H.塔夫脱*	1921.7.11	R 1930.2.3	8
乔治·萨瑟兰	1922.10.2	R 1938.1.17	15
皮尔斯·巴特勒	1923.1.2	D 1939.11.16	17
爱德华·T.桑福德	1923.2.19	D 1930.3.8	7

卡尔文·柯立芝

哈伦·F.斯通	1925.3.2	P 1941.7.2	16

赫伯特·胡佛

查尔斯·E.休斯*†	1930.2.24	R 1941.6.30	11
欧文·J.罗伯茨	1930.6.2	R 1945.7.31	15
本杰明·N.卡多佐	1932.3.14	D 1938.7.9	6

富兰克林·**D.**罗斯福

雨果·L.布莱克	1937.8.19	R 1971.9.17	34
斯坦利·F.里德	1938.1.31	R 1957.2.25	19
99 菲利克斯·法兰克福特	1939.1.30	R 1962.8.28	23
威廉·O.道格拉斯	1939.4.17	R 1975.11.12	36
弗兰克·墨菲	1940.2.5	D 1949.7.19	9
哈伦·F.斯通*†	1941.7.3	D 1946.4.22	5
詹姆斯·F.伯恩斯	1941.7.8	R 1942.10.3	1
罗伯特·H.杰克逊	1941.7.11	D 1954.10.9	13
威利·B.拉特利奇	1943.2.15	D 1949.9.10	6

哈里·**S.**杜鲁门

哈罗德·H.伯顿	1945.10.1	R 1958.10.13	13
弗雷德·M.文森*	1946.6.24	D 1953.9.8	7
汤姆·C.克拉克	1949.8.24	R 1967.6.12	18
谢尔曼·明顿	1949.10.12	R 1956.10.15	7

德怀特·**D.**艾森豪威尔

厄尔·沃伦*	1953.10.5	R 1969.6.23	15
约翰·M.哈伦	1955.3.28	R 1971.9.23	16
小威廉·J.布伦南	1956.10.16	R 1990.7.20	33
查尔斯·E.惠特克	1957.3.25	R 1962.3.31	5
波特·斯图尔特	1958.10.14	R 1981.7.3	22

约翰·**F.**肯尼迪

拜伦·R.怀特	1962.4.16	R 1993.6.28	31

阿瑟·戈德堡	1962.10.1	R 1965.7.25	3	
林登·B.约翰逊				
阿贝·福塔斯	1965.10.4	R 1969.5.14	4	
瑟古德·马歇尔	1967.10.2	R 1991.10.1	24	
理查德·M.尼克松				
沃伦·E.伯格*	1969.6.23	R 1986.9.26	17	100
哈里·A.布莱克门	1970.6.9	R 1994.8.3	24	
小刘易斯·F.鲍威尔	1972.1.7	R 1987.6.26	16	
威廉·H.伦奎斯特	1972.1.7	P 1986.9.26	15	
杰拉尔德·R.福特				
约翰·保罗·斯蒂文斯	1975.12.19	R 2010.6.29	34	
罗纳德·里根				
桑德拉·戴·奥康纳	1981.9.25	R 2006.1.31	24	
威廉·H.伦奎斯特*†	1986.9.26	D 2005.9.3	19	
安东宁·斯卡利亚	1986.9.26			
安东尼·M.肯尼迪	1988.2.18			
乔治·H.W.布什				
戴维·H.苏特	1990.10.9	R 2009.6.29	20	
克拉伦斯·托马斯	1991.10.23			

威廉·J.克林顿

露丝·巴德·金斯伯格 1993.8.10

斯蒂芬·G.布雷耶 1994.8.3

乔治·W.布什

小约翰·G.罗伯茨* 2005.9.29

小塞缪尔·A.阿利托 2006.1.31

巴拉克·奥巴马

索尼娅·索托马约尔 2009.8.8

101 艾琳娜·卡根 2010.8.7

参考文献

第一章

关于大法官巡回审判情况的详细介绍，参见*The Documentary History of the Supreme Court of the United States, 1789–1800*（New York: Columbia University Press）卷二（1989）和卷三（1990）。关于约翰·杰伊拒绝约翰·亚当斯邀请他重新出任首席大法官的信函，刊于亨利·P.约翰逊编选的*The Correspondence and Public Papers of John Jay*（New York: G. P. Putnam's Sons, 1890），4:284–285。转引自迈克尔·J.卡尔曼一篇有趣的文章，即"How Great Were the 'Great' Marshall Court Decisions?"，*Virginia Law Review* 87:1111, 1154, n.226.

最高法院最近一次援引约翰·马歇尔"决定法律是什么"是"司法部门当仁不让的职权与责任"的著名论断，是在2008年的"布迈丁诉布什案"判决中，此案判决判定国会剥夺联邦法院审理关塔那摩湾囚犯提起的诉讼的管辖权的立法无效。

肯尼迪大法官主笔的多数意见写道："限制政治分支单凭好恶决定是否让宪法发挥作用的权力……将严重扭曲我们三权分立的政制，导致由国会和总统，而不是本院，决定'法律是什么'。"

103 ［引自"马伯里案"判决］

关于最高法院推翻的国会立法清单，可参见政府出版物办公室编印的*Constitution of the United States, Analysis and Interpretation*，在线查看网址：www/gpoaccess.gov/constitution/pdf2002/046.pdf.

第二章

《最高法院诉讼规则》第十三条规定，调卷复审令状申请必须在下级法院"终审判决"发布后90日内提交。如果主导某个机关的法律就某个问题的规定比较模糊，最高法院通常会尊重行政机关言之成理的解释，这一规则是由1984年的"美国谢弗林公司诉国家资源保护委员会案"的判决确立的，也即著名的"谢弗林遵从"。

第三章

关于大法官们最初的意识形态立场随着时间推移发生变化的例证和分析，参见李·爱泼斯坦及其合作者的文章"Ideological Drift Among Supreme Court Justices: Who, When, and How Important?" *Northwestern Law Review Colloquy* 101 (2007): 127–131。学者迈克尔·C.道尔夫分析了最高法院大法官有无在行政分支工作的经历这一前提对其意识形态变化的影响，参见"Does Federal Executive Branch Experience Explain Why Some

Republican Supreme Court Justices 'Evolve' and Others Don't?", *Harvard Law & Policy Review* 1 (2007): 457–476。在道尔夫的文章中,"缺乏行政分支工作经历"的大法官有六位:布莱克门、鲍威尔、斯蒂文斯、奥康纳、肯尼迪和苏特;"具备行政分支工作经历"的是伯格、伦奎斯特、斯卡利亚、托马斯、罗伯茨和阿利托。考虑到这项研究是在罗伯茨和阿利托履任之初进行的,作者强调说,"之前的事例说明,这一模式亦可适用于"他们。学者劳伦斯·鲍姆在*Judges and Their Audiences: A Perspective on Judicial Behavior*(Princeton, NJ: Princeton University Press, 2006)一书 104
中,将大法官候选人的籍贯作为意识形态的影响因素之一。关于这一话题,还可以参见我重点以哈里·布莱克门为例撰写的文章"Change and Continuity on the Supreme Court," *Washington University Journal of Law and Policy* 25 (2007):39–59。

关于弹劾道格拉斯大法官的详情介绍,参见戴维·E.凯威基的著作*The Age of Impeachment: American Constitutional Culture Since 1960*(Lawrence: University Press of Kansas, 2008)。

关于大法官任期终身制的争论,参见罗杰·C.克兰登、保罗·D.卡林顿主编的*Reforming the Courts: Term Limits for Supreme Court Justices* (Durham, NC: Carolina Academic Press, 2006) 和桑福德·列文森的著作*Our Undemocratic Constitution: Where the Constitution Goes Wrong (And How We the People Can Correct It)* (New York: Oxford University Press, 2006)。[①]

① 该书已有中译本,即[美]桑福德·列文森:《美国不民主的宪法:宪法哪儿出毛病了(我们人民该怎样矫正它)》,时飞译,北京大学出版社2010年版。

第四章

伦奎斯特大法官是吉尔伯特和沙利文的粉丝，他在克林顿弹劾案期间的那句名言，出自他最喜欢的吉尔伯特和沙利文歌剧《贵族与仙女》中的一位上议院大法官。

关于首席大法官承担的多项职责的研究，可参见2005年"首席大法官和司法制度"研讨会的文集，研讨会由《宾夕法尼亚大学法律评论》主办，书面研讨记录于2006年6月出版。参见朱迪斯·瑞斯尼克和莱恩·迪尔格的文章"Responding to a Democratic Deficit: Limiting the Powers and the Term of the Chief Justice of the United States", *University of Pennsylvania Law Review* 154 (2006): 1575–1664。

萨蒙·蔡斯的话，援引自阿尔菲厄斯·托马斯·梅森的文章"The Chief Justice of the United States: *Primus Inter Pares*", *Journal of Public Law* 17 (1968): 20–60。之后关于首
105 席大法官的"人格因素"的影响的说法，也援引自这篇文章。

肯尼迪大法官在"林奇诉唐纳利案"[1]期间写给布莱克门大法官的信，以及其他大法官围绕此案的通信，参见国会图书馆手稿部哈里·A.布莱克门藏品586号盒，6号文件夹。

塔夫脱首席大法官关于1925年《司法法》的文章即"The Jurisdiction of the Supreme Court Under the Act of February 13, 1925", *Yale Law Journal* 35 (1925): 1–12。

① 原文有误，作者指的应为"李诉威斯曼案"，第四章正文脚注中已纠正并说明。

第五章

H.W.佩里的*Deciding to Decide: Agenda Setting in the United States Supreme Court* (Cambridge, MA: Harvard University Press, 1991) 一书，详细解释了"防御性驳回"这一术语的含义。[①]

"莫尔斯诉弗雷德里克案"涉及一位学生打出的语带双关的标语"为耶稣抽大麻"（Bong Hits For Jesus），关于此案的讨论可参见弗雷德里克·肖尔的文章"Is It Important to Be Important? Evaluating the Supreme Court's Case-Selection Process", *Yale Law Journal Online* 119 (2009): 77–86。桑福德·列文森关于"可诉的宪法"和"刚性的宪法"的对比，参见他的文章"What Should Citizens (As Participants in a Republican Form of Government) Know About the Constitution?", *William & Mary Law Review* 50 (2009): 1239–1260.

第六章

斯蒂芬·伯班克的文章即"Judicial Independence, Judicial Accountability, and Interbranch Relations", *Georgetown Law Journal* 95 (2007): 909–927。近年关于国会与联邦法院关系的权威著作，查尔斯·加德纳·盖耶的*When Courts and Congress Collide: The Struggle for Control of America's Judicial System*（Ann Arbor: University of Michigan Press,

① 该书已有中译本，即［美］H.W.佩里：《择案而审：美国最高法院案件受理议程表的形成》，傅郁林、韩玉婷、高娜译，中国政法大学出版社2010年版。

2006）一书描述了剥夺法院对争议性事项管辖权的做法。关于现代国会对最高法院的法律类判决的反应的权威介绍，可参见小威廉·M.埃斯克里奇的文章“Overriding Supreme
106 Court Statutory Interpretation Decisions”, *Yale Law Journal* 101 (1991): 331–455。

最高法院维护切诺基人权益，并激怒安德鲁·杰克逊总统的判决是1832年的“伍斯特诉佐治亚州案”。

推翻“莱德贝特诉固特异轮胎和橡胶公司案”判决的是2009年《莉莉·莱德贝特公平薪酬法》, P.L. 111–112, 123 Stat. 5 (2009)。

第七章

《司法过程的性质》原本是卡多佐1921年在耶鲁大学法学院的演讲内容，之后由耶鲁大学出版社出版。[1]奥康纳大法官的演讲刊发稿为“Public Trust as a Dimension of Equal Justice”, *Court Review* 36 (1999): 10–13。伦奎斯特首席大法官对民意的观点来自他的演讲内容，刊发稿为“Constitutional Law and Public Opinion,” *Suffolk University Law Review* 20 (1986): 751–769。

爱泼斯坦和马丁的文章，即“Does Public Opinion Influence the Supreme Court? Possibly Yes (But We’re Not Sure Why)”, *University of Pennsylvania Journal of Constitutional Law* 13 (2010): 263–281。“共和国教师”的说法，来自拉尔夫·勒纳的文章，“The Supreme Court as Republican Schoolmaster”, *Supreme Court*

---

① 该书已有中译本，即［美］本杰明·卡多佐：《司法过程的性质》，苏力译，商务印书馆2000年版。

Review 1967 (1967): 127–180。关于协助自杀议题的研究，参见约书亚·A.格林和马修·G.贾瑞斯撰写的“死亡权”章节，载纳撒尼尔·普斯里、杰克·西特林、帕特里克·J.伊根主编的*Public Opinion and Constitutional Controversy*（New York: Oxford University Press, 2008）。后文提到的“合法化假设”的说法也来自这本书。

2005年关于公众对法院的认识的民意调查，来自凯
思林·霍尔·杰莫森和迈克尔·亨尼斯的文章“Public 107
Understanding of and Support for the Courts: Survey Results”, *Georgetown Law Journal* 95 (2007): 899–902。联邦教育部某部门最近对四年级、六年级和十二年级学生的调查显示，在广大学生当中，的确存在类似的令人担忧的基础公民知识缺失的情况，参见国家教育统计中心2011年发布的*The Nation's Report Card: Civics 2010: National Assessment of Educational Progress at Grades 4, 6, and 12,* 电子版网址为：http://nces.ed.gov/nationsreportcard/pdf/main2010/2011466.pdf。

罗伯特·达尔对最高法院在政治体系中的角色的评价，参见他的文章“Decision-Making in a Democracy: The Supreme Court as a National Policy-Maker”, *Journal of Public Law* 6 (1957): 279–295。1972年针对人们对堕胎问题的态度进行的盖洛普民意调查的情况，参见琳达·格林豪斯与列娃·西格尔合著的*Before Roe v. Wade: Voices That Shaped the Abortion Debate Before the Supreme Court's Ruling*（New York: Kaplan, 2010）一书。关于堕胎案判决的政治后果的讨论，参见琳达·格林豪斯与列娃·西格尔的“Before (and After) *Roe v.*

Wade: New Questions About Backlash”, *Yale Law Journal* 120 (2011): 2028–2087。

第八章

关于托马斯对英国法的反对态度，参见戴维 · J. 西普的文章“Our Law, Their Law, History, and the Citation of Foreign Law,” *Boston University Law Review* 86 (2006): 1417–1446。约翰 · 费雷约翰和帕斯奎尔 · 帕斯蒂诺从当代背景入手，进行过令人获益匪浅的比较分析，参见“Constitutional Adjudication: Lessons from Europe”, *Texas Law Review* 82 (2003–2004): 1671–1704。

引证的判例

最高法院判例由政府汇编印刷，统一收入多卷本的《联邦最高法院判例汇编》（*United States Reports*）。判决会附上卷号、页码作为标识。所以，对“布朗诉教育委员会案”的官方引证应
108 当是347 U.S. 483（1954），意味着此案判决起始页为《联邦最高法院判例汇编》第347卷第483页，判决年份为1954年。最高法院刚成立的几十年间，还没有正式的《联邦最高法院判例汇编》，各卷都以负责编印的判例汇编员（最初是非正式、不领薪酬的岗位）的名字命名。因此，今天我们引证“马伯里诉麦迪逊案”的正式表述是1 Cranch（5 U.S.）137（1803），因为收录这份判决的那一卷是由最高法院第二位判例汇编员威廉 · 克兰奇（William Cranch）编印的。（最高法院第一位判例汇编员是亚历山大 · J.

达拉斯，其姓名缩写常出现在对最高法院最早的判决的引证当中。）19世纪后期，国会决定拨款刊印判例汇编系列后，“U.S.”被作为早期判例汇编的卷名前缀。最高法院判决汇编员——这一正式职位的当前称呼——目前仍负责监督准确的判决文本的发布。

本书正文提到的判决均引证自以下判例：

Atkins v. Virginia, 536 U.S. 304 (2002)

Board of Regents, University of Alabama v. Garrett, 531 U.S. 356 (2001)

Boumediene v. Bush, 553 U.S. 723 (2008)

Bowers v. Hardwick, 478 U.S. 186 (1986)

Brown v. Board of Education, 347 U.S. 483 (1954)

Chevron U.S.A., Inc. v. Natural Resources Defense Council, 467 U.S. 837 (1984)

Chisholm v. Georgia, 2 Dall. (2 U.S.) 419 (1793)

Citizens United v. Federal Election Commission, 558 U.S. 50 (2010)

City of Boerne v. Flores, 521 U.S. 507 (1997)

Clinton v. Jones, 520 U.S. 681 (1997)

Coker v. Georgia, 433 U.S. 584 (1977)

Dickerson v. United States, 530 U.S. 428 (2000)

District of Columbia v. Heller, 554 U.S. 570 (2008)

Employment Div., Dept. of Human Resources of Oregon v.

Smith, 494 U.S. 872 (1990)

109 *Gonzales v. Raich,* 545 U.S. 1 (2005)

Grutter v. Bollinger, 539 U.S. 306 (2003)

Hamdan v. Rumsfeld, 545 U.S. 557 (2006)

Hayburn's Case, 2 Dall. (2 U.S.) 409 (1792)

Kennedy v. Louisiana, 554 U.S. 407 (2008)

Kimel v. Florida Board of Regents, 528 U.S. 62 (2000)

Lawrence v. Texas, 539 U.S. 558 (2003)

Ledbetter v. Goodyear Tire & Rubber Co., Inc., 550 U.S. 618 (2007)

Lynch v. Donnelly, 505 U.S. 833 (1992)

Marbury v. Madison, 1 Cranch (5 U.S.) 137 (1803)

Martin v. Hunter's Lessee, 14 U.S. 304 (1816)

Massachusetts v. Environmental Protection Agency, 549 U.S. 497 (2007)

Miranda v. Arizona, 384 U.S. 436 (1966)

Morse v. Frederick, 551 U.S. 393 (2007)

Murphy v. United Parcel Service, Inc., 527 U.S. 516 (1999)

Nevada Dept. of Human Resources v. Hibbs , 538 U.S. 721 (2003)

Planned Parenthood of Southeastern Pennsylvania v. Casey, 505 U.S. 833 (1992)

Plessy v. Ferguson, 163 U.S. 537 (1896)

Rasul v. Bush, 542 U.S. 466 (2004)

Roe v. Wade, 410 U.S. 113 (1973)

Roper v. Simmons, 543 U.S. 551 (2005)

Scott v. Sandford, 19 How. (60 U.S.) 393 (1857)

Stuart v. Laird, 1 Cranch (5 U.S.) 299 (1803)

Sutton v. United Airlines, Inc., 527 U.S. 471 (1999)

Toyota Motor Mfg. v. Williams, 534 U.S. 184 (2002)

United States v. Lopez, 514 U.S. 549 (1995)

United States v. Morrison, 529 U.S. 598 (2000)

United States v. Nixon, 418 U.S. 683 (1974)

Worcester v. Georgia, 31 U.S. 515 (1832)

Youngstown Sheet & Tube Co. v. Sawyer , 343 U.S. 579 (1952) 110

延伸阅读

一般著作

关于最高法院的历史，较全面的单卷本著作为彼得·查尔斯·霍弗、威廉詹姆斯·赫尔·霍弗和N.E.H.赫尔合著的*The Supreme Court: An Essential History*（Lawrence: University Press of Kansas, 2007），这本书通俗易读，按首席大法官主政时期划分章节，到伦奎斯特任首席大法官的时期截止。罗伯特·G.麦克洛斯基撰写的*The American Supreme Court*（Chicago: University of Chicago Press, 5th ed., 2010）是关于最高法院历史和制度的经典著作。这本书初版于1960年，最新一版由桑福德·列文森进行了大幅修订，包含48页相当全面的参考书目。[①]另一部单卷本的历史著作为伯纳德·施瓦兹的*A History of the Supreme Court*（New York: Oxford University

① 原书第三版已有中译本，即［美］罗伯特·麦克洛斯基著、桑福德·列文森修订：《美国最高法院》（第三版），任东来等译，中国政法大学出版社2005年版。

Press, 1993），也是按首席大法官主政时期划分章节，每个时期的“分水岭案件”单独成章。①政治学家劳伦斯·鲍姆撰写过大量与最高法院有关的著作，他新近大幅修订出版了单卷本的*The Supreme Court*（Washington, DC: CQ Press, 2010）第十版，该书重点介绍了最高法院成员和工作机制。克米特·L.霍尔主编的*The Oxford Companion to the Supreme Court of the United States*（New York: Oxford University Press）2005年已推出第二版，以百科全书形式汇总了一系列短文。②

克米特·L.霍尔和凯文·T.麦圭尔合编的*The Judicial Branch*（New York: Oxford University Press, 2005）是“美国民主制度丛书”中的一本，里面收录了许多顶尖学者撰写的文章，这本书将最高法院和大法官置入司法行为的宏大背景和美 111
国的历史与文化背景中进行研究。克米特·L.霍尔和小詹姆斯·W.伊利主编的*The Oxford Guide to United States Supreme Court Decisions*（New York: Oxford University Press, 2009），汇总了几十位学者评点几百起最高法院最重要的判决的文章。③伦奎斯特首席大法官1987年出版了*The Supreme Court*一书，撷取若干重要历史节点，介绍了最高法院的历史、重要判决和目前的工作机制。这本书的最新版本于2001年由纽约兰登书屋出版。

① 该书已有中译本，即［美］伯纳德·施瓦茨：《美国最高法院史》，毕洪海等译，中国政法大学出版社2005年版。

② 该书已有中译本，即［美］克米特·霍尔主编：《牛津美国联邦最高法院指南》（第二版），许明月等译，北京大学出版社2009年版。

③ 关于最高法院重要判决的文本和简单介绍，可参考［美］库特勒编：《最高法院与宪法：美国宪法史上重要判例选读》，朱曾汶、林铮译，商务印书馆2006年版。［美］阿奇博尔德·考克斯：《法院与宪法》，田雷译，北京大学出版社2006年版。

李·爱泼斯坦、杰弗里·A.西格尔、哈罗德·J.斯皮斯和托马斯·沃克合著的*The Supreme Court Compendium: Data, Decisions, and Developments*（5th ed., Washington, DC: CQ Press, 2012），包括近800页的图表，几乎囊括了读者可以想到的任何关于最高法院的历史、成员和案件量的数字性问题。里面还包括关于最高法院与民意的关系的有趣材料。①另一本完全将最高法院与民意作为主题的书是巴里·弗里德曼的*The Will of the People*（New York: Farrar, Straus and Giroux, 2009）。

《国会季刊》（*Congressional Quarterly*，CQ）出版社出版过几部很有价值的最高法院参考书。最全面的是琼·比斯丘皮克和埃德尔·威特合著的两卷本*Congressional Quarterly's Guide to the U.S. Supreme Court*（3rd ed., 1997）。这两位作者还为CQ出版社合著过单卷本的*The Supreme Court at Work*（1997）。

苏珊·洛·布洛赫、维基·C.杰克逊和托马斯·G.柯瑞腾梅克尔合著的*Inside the Supreme Court: The Institution and Its Procedures*（St. Paul, MN: Thomson/West, 2nd ed., 2009）虽是为法学院学生准备，但汇集了众多可读性强、趣味横生的二手材料，内容涵盖最高法院提名、确认程序、最高法院选案调卷和在最高法院出庭辩论的律师的作用等主题。②

① 其中两位作者撰写的一部以定量方式分析最高法院判决的著作已有中译本，即［美］杰弗瑞·西格尔、哈罗德·斯皮斯：《正义背后的意识形态：最高法院与态度模型》，刘哲玮译，北京大学出版社2012年版。

② 关于最高法院工作机制和大法官遴选方式，中文图书领域较好的介绍性著作包括［美］戴维·M.奥布赖恩：《风暴眼：美国政治中的最高法院》，胡晓进译，上海人民出版社2010年版。［美］亨利·J.亚伯拉罕：《司法的过程》，泮伟江等译，北京大学出版社2009年版。

关于最高法院的图书，有两本最为畅销。一本是鲍勃·伍德沃德和斯科特·阿姆斯特朗合著的*The Brethren: Inside the Supreme Court*（New York: Simon and Schuster, 1979），曝光了伯格法院内部的紧张关系。[①]近30年后，杰弗里·图宾的*The Nine: Inside the Secret World of the Supreme Court*（New 112
York:Doubleday, 2007）的成功，说明广大读者仍有兴趣窥探天鹅绒帷幕背后的内情。[②]

梅瓦·马库斯主编的八卷本*Documentary History of the United States Supreme Court, 1789–1800*（New York: Columbia University Press）出版共用了19年时间，出齐时已是2004年，尽管这套书并非写给普通读者，但内容绝对令人赞叹，值得大家关注。编者通过通信、笔记、案卷（包括大法官们巡回审案的记录），重现了最高法院最初十年的情景；此外，这套书还提供了一个前所未有的视角，使人们得以观察第一代大法官建构司法制度的孜孜努力。这套书第一卷第一部分，收录了最高法院书记官当年的一则记录，这则标注日期为1790年2月1日的记录，显示了最高法院那时面临的困境："根据法律规定，从今天开始，正式进入联邦最高法院第一个开庭期，直到下午一点，到庭的大法官数量仍不够法定人数，只能宣布休庭。"

① 该书有两个中译本，分别是［美］鲍勃·伍德沃德、斯科特·阿姆斯特朗：《美国最高法院内幕》，熊必俊等译，广西人民出版社1982年版和［美］鲍勃·伍德沃德、斯科特·阿姆斯特朗：《最高法院的兄弟们》，吴懿婷、洪俪倩译，当代中国出版社2009年版。

② 该书已有中译本，即［美］杰弗里·图宾：《九人：美国最高法院风云》，何帆译，上海三联书店2010年版。同一作者2012年9月推出讲述奥巴马总统与罗伯茨法院之间的权力之争的新著，即Jeffrey Toobin, *The Oath: The Obama White House and the Supreme Court*（New York: Doubleday, 2012）。

大法官们

一些有价值的最高法院传记汇编可供参考。近期最主要的成果是梅尔文·I.厄诺斯基主编的*Biographical Encyclopedia of the Supreme Court: The Lives and Legal Philosophies of the Justices*（Washington, DC: CQ Press, 2006）。这类作品当中，另一套水准之作是里昂·弗里德曼和弗雷德·L.伊斯雷尔合著的五卷本的*The Justices of the United States Supreme Court 1789–1995: Their Lives and Major Opinions*（New York: Chelsea House, 1995）。内容一直写到布雷耶大法官履任，另外两本书也写到这一阶段，它们是：最高法院历史协会的克雷尔·库什曼主编的*The Supreme Court Justices: Illustrated Biographies, 1789–1995*（Washington, D.C.: CQ Press, 1995）和蒂莫西·L.霍尔主编的*Supreme Court Justices: A Biographical Dictionary*（New York: Facts on File, 2001）。

还有许多为单个大法官撰写的传记。[①]其中，以马歇尔和沃伦两位首席大法官、霍姆斯和布兰代斯两位大法官的个人传记数量最多。诺亚·费尔德曼撰写的*Scorpions: The Battles and Triumphs of FDR's Great Supreme Court Justices* by Noah

① 传记是了解最高法院大法官司法理念和裁判背景的重要辅助性读物，译者近年主编有"美国最高法院大法官传记译丛"，收录了哈里·布莱克门、约翰·保罗·斯蒂文斯、威廉·伦奎斯特、安东宁·斯卡利亚和戴维·苏特等大法官的传记。经过诸多出版人和译者的努力，中文图书领域还有奥利弗·温德尔·霍姆斯、本杰明·卡多佐、约翰·马歇尔·哈伦、雨果·布莱克、桑德拉·戴·奥康纳等大法官的传记。除了传记，媒体访谈也是了解大法官思想的捷径，2009—2010年，美国公共事务电视台对所有最高法院大法官进行了采访，采访内容全部收入*The Supreme Court: A C-SPAN Book, Featuring the Justices in their Own Words*一书，该书已有中译本，即［美］布莱恩·拉姆、苏珊·斯温、马克·法卡斯主编：《谁来守护公正：美国最高法院大法官访谈录》，何帆译，北京大学出版社2013年版。

Feldman（New York: Twelve, 2010）集中描写了菲利克斯·法兰克福特、罗伯特·H.杰克逊、威廉·O.道格拉斯和雨果·L.布莱克大法官的生平。 113

关于当代大法官的个人传记相对较少。赛思·斯特恩和斯蒂芬·渥米晓合著的*Justice Brennan: Liberal Champion*（New York: Houghton Mifflin Harcourt, 2010）建立在作者独家接触的传主私人文档的基础上，布伦南大法官在任时间为33年，1990年才退休。小约翰·C.杰弗里斯的*Justice Lewis F. Powell, Jr.*（New York: Charles Scribner's Sons, 1994） 记叙了这位1972至1987年期间在任的大法官的一生，作者曾是传主的法官助理。另一位前最高法院助理丹尼斯·J.哈钦森也撰写了一部大法官传记，即*The Man Who Once Was Whizzer White: A Portrait of Justice Byron R. White*（New York: Free Press,1998），这本书只集中记叙了1971、1981和1991年三个开庭期的事，以一种异乎寻常的谋篇布局方式，展示了这位在职31年的大法官的最高法院生涯。我撰写的*Becoming Justice Blackmun:Harry Blackmun's Supreme Court Journey*（New York: Henry Holt，2005）一书，完全依靠国会图书馆收藏的布莱克门的海量文献，讲述了这位大法官的生平和职业生涯。[1]

琼·比斯丘皮克撰写了两部21世纪在任的大法官的传记：分别是*Sandra Day O'Connor: How the First Woman on the Supreme Court Became Its Most Influential Justice*（New York: HarperCollins, 2005）和*American Original: The Life and*

① 该书已有中译本，即［美］琳达·格林豪斯：《大法官是这样炼成的：哈里·布莱克门的最高法院之旅》，何帆译，中国法制出版社2011年版。

Constitution of Supreme Court Justice Antonin Scalia（New York: Farrar, Straus and Giroux, 2009），后者部分建立在作者有据可查的与斯卡利亚的大量对话基础上。[①]奥康纳大法官和她的哥哥H.艾伦·戴合著过一部回忆在遥远的亚利桑那州大农场的童年生活的自传。[②]克拉伦斯·托马斯大法官也写过一部回忆自己进入最高法院之前的生活的自传，即*My Grandfather's Son: A Memoir*（New York: Harper Collins, 2007）。《华盛顿邮报》的两位记者，凯文·莫瑞达和迈克尔·弗莱彻合著过一本更全面地记叙托马斯大法官的职业生涯的传记*Supreme Discomfort: The Divided Soul of Clarence Thomas*（New York: Doubleday, 2007）。比尔·巴恩哈特和吉恩·施力克曼合著的*John Paul Stevens: An Independent Life*（DeKalb: Northern Illinois University Press, 2010）在这位90岁高龄的大法官于履任35年后退休的同时出版。[③]

最近还有几本讲述最高法院提名和确认程序的作品。其
114 中，最好的是克里斯托弗·L.艾斯格鲁伯撰写的*The Next*

---

① 这两本书都已有中译本，即［美］琼·比斯丘皮克：《改变美国联邦最高法院：大法官奥康纳传》，上海三联书店2011年版；［美］琼·比斯丘皮克：《最高法院的"喜剧之王"：安东宁·斯卡利亚大法官传》，钟志军译，中国法制出版社2012年版。

② 奥康纳大法官另写过一部介绍最高法院工作机制的小册子，里面包含了若干关于自己大法官生涯的回忆，参见［美］桑德拉·戴·奥康纳：《法律的尊严：美国最高法院一位大法官的思考》，信春鹰、葛明珍译，法律出版社2006年版。此外，奥康纳大法官2013年3月还推出了回顾最高法院历史的新书*Out of Order: Stories from the History of the Supreme Court*（Random House，2013）。索尼娅·索托马约尔大法官也于2013年1月推出自传*My Beloved World*（Knopf，2013）。两本书的中译本将分别由法律出版社、中信出版社出版。

③ 该书已有中译本，即［美］比尔·巴恩哈特、吉恩·施力克曼：《最高法院的"独行侠"：约翰·保罗·斯蒂文斯大法官传》，何京锴译，中国法制出版社2012年版。2011年，斯蒂文斯大法官出版了自己退休后的第一本回忆性著作，即《五位首席大法官：最高法院杂忆》（*Five Chiefs: A Supreme Court Memoir*），回忆了他与文森、沃伦、伯格、伦奎斯特、罗伯茨五位首席大法官认识、交往的过程，穿插了自己对最高法院工作的许多回忆。该书中文版也由本书译者翻译，于2014年由上海三联书店出版。

Justice: Repairing the Supreme Court Appointments Process（Princeton, NJ: Princeton University Press，2007）一书，该书开篇即提到那个理所当然却常被人们忽视的前提："如果不好好理解大法官们的所作所为，美国人就不知道该选谁，也不清楚如何评价总统提名的候选人。"关于这一议题的经典著作，是亨利·J.亚伯拉罕的 *Justices, Presidents, and Senators: A History of the U.S. Supreme Court Appointments from Washington to Clinton*（Lanham, MD: Rowman and Littlefield），该书最早出版于1974年，当时的书名还是*Justices and Presidents*，2007年出版的是第五版。[①]

公众对最高法院的法官助理的作用的兴趣，主要反映在两本书中：托德·C.佩帕斯的*Courtiers of the Marble Palace: The Rise and Influence of the Supreme Court Law Clerk*（Stanford, CA: Stanford University Press, 2006）与阿迪莫斯·沃德和戴维·威登合著的*Sorcerers' Apprentices: 100 Years of Law Clerks at the U.S. Supreme Court*（New York: New York University Press, 2006）。

关于大法官如何选择案件和完成待审案件表的权威著作，是H.W.佩里的*Deciding to Decide: Agenda Setting in the United States Supreme Court*（Cambridge, MA: Harvard University Press, 1991），本书作者是一位政治学家，在与大法官和法官助理（援引了他们的谈话内容，但没有实名）的大量访谈基础上创作完成。这本书虽然反映的只是二十多年前的

① 原书第一版已有中译本，即［美］亨利·J.亚伯拉罕：《法官与总统：一部任命最高法院法官的政治史》，刘泰星译，商务印书馆1990年版。

最高法院的内部运转情况，但时至今日，这种对最高法院内部动态的观察，仍是非常有价值的。

已有大量政治学方面的著作，研究大法官们着手复审案件后，究竟如何进行裁判。李·爱泼斯坦和杰克·奈特合著的*The Choices Justices Make*（Washington, DC: CQ Press, 1998）详细检视了大法官们为实现自己的政策目标，在同僚之间采取的策略性手段。康奈尔·W.克莱顿和霍华德·吉尔曼主编的*Supreme Court Decision-Making: New Institutionalist Approaches*（Chicago: University of Chicago Press, 1999）是一本论文集，收录了不同学者探寻影响大法官裁判案件的制度性因素的文章。伯纳德·施瓦茨的*Decision: How the Supreme Court Decides Cases*（New York: Oxford University Press, 1996）注重事实叙述，而非理论阐释，引用了许多内部
115 备忘录、未公开的判决初稿，生动描述了最高法院的运转情况。凯文·T.麦圭尔撰写的*Understanding the U.S. Supreme Court: Cases and Controversies*（New York: McGraw Hill, 2002）主要针对的是学生读者群体，采用了不同寻常的写作方式，选取四起案件和两场激烈的"确认之战"，展示最高法院的工作机制和它对美国人生活的作用和影响。

宪法解释

法学院图书馆的书架上，摆放着大量宪法理论书籍，关于这一话题的讨论，已经远远超出本书的范围。但是，我们绝对不能忽视一个非常罕见的现象：已有两位现任大法官进入公共领域——借助书籍和广播电视——公开讨论他俩在宪法解

释方法上的不同立场。斯卡利亚大法官率先出版了*A Matter of Interpretation: Federal Courts and the Law*（Princeton，NJ: Princeton University Press, 1997）一书。[①]布雷耶大法官紧随其后，先出版了*Active Liberty: Interpreting Our Democratic Constitution*（New York: Knopf, 2005），之后又推出了*Making Our Democracy Work: A Judge's View*（New York: Knopf, 2010）。[②]

“牛津美国法介绍丛书”中，迈克尔·C.多尔夫和特雷弗·W.莫里森合著的*Constitutional Law*（New York: Oxford University Press, 2010）对这一话题的主要观点和争议进行了简短但全面的介绍。[③]李·爱泼斯坦和托马斯·G.沃克合著的*Constitutional Law for a Changing America*（Washington, DC: CQ Press, 6th ed., 2007），以更长的篇幅，对最高法院的判决如何推动宪法学说的发展，进行了有价值的梳理。尽管以本科生为目标读者，但这部分为*Rights, Liberties, and Justice*和*Institutional Powers and Constraints*两册的作品以其内容的丰富程度，也令其他读者十分满意。作者利用大量二手文献和自己的解释，对选录的许多判决进行了令人受益的背景分析。 116

① 该书中译本已由最高人民法院黄斌博士译出，即将由中国法制出版社出版。2012年，斯卡利亚大法官又与布莱恩·加纳合著了一本新书，全面阐述了自己的法律解释立场，并回应了布雷耶大法官的批评。此书即*Reading Law: The Interpretation of Legal Texts*（West，2012）。

② 斯蒂芬·布雷耶大法官这两本书都已有中译本，分别是[美]斯蒂芬·布雷耶：《积极自由：美国宪法的民主解释论》，田雷译，中国政法大学出版社2011年版。[美]斯蒂芬·布雷耶：《法官能为民主做什么》，何帆译，法律出版社2012年版。

③ 关于宪法解释话题，中文图书领域尚有以下经典作品可供参考：[美]戴维·斯特劳斯：《活的宪法》，毕洪海译，中国政法大学出版社2012年版。[美]基思·E.惠廷顿：《宪法解释：文本含义、原始意图与司法审查》，杜强强等译，中国人民大学出版社2006年版；以及作者的另一著作《司法至上的政治基础：美国历史上的总统、最高法院及宪政领导权》，牛悦译，北京大学出版社2009年版。

网络资源

最高法院官方网站地址为：www.supremecourt.gov，这个网站的界面十分简便，资讯也随时更新。最高法院的判决和指令发布后，几分钟内就会上传到这里。按照最高法院和美国律师协会的合作协议，所有已受理并排期开庭的案件，相关诉状也会上传发布。这个网站包含开庭时间表、待审案件表，此外还有各类丰富的资讯，如待处理的调卷复审令状申请的状态、各类诉状提交的时间、每起案件的最终处理结果。言词辩论记录会在庭审结束后几小时内上传。大法官们出庭听审那一周的周五，最高法院会将本周的庭审音频记录上传。

“肃静”项目的官方网站：www.oyez.org，由伊利诺伊理工学院和芝加哥肯特法学院共同维护，免费提供种类、格式多样的案件材料和历史文献。另一个免费网站是Scotusblog，网址为：www.scotusblog.com［“Scotus”是美国最高法院（Supreme Court of the United States）的常用缩略语］，这个网站会分析新近判决，上传最新提交的调卷复审令状申请，每日提供关于最高法院的最新新闻报道和评论。Findlaw网站网址为：http://supreme.lp.findlaw.com/index.html，更新速度没有Scotusblog那么快，但网站所有资源也全部免费，并提供19世纪以来的全部判决意见文本。 117

索 引

(条目后的数字为原文页码,斜体页码说明相关条目在当页图片说明内)

A

B

C

D

E

F

G

H

I

J

K

L

M

N

O

P

R

S

T

U

Linda Greenhouse

THE U.S. SUPREME COURT

A Very Short Introduction

For Gene and Hannah

Contents

List of illustrations

All illustrations are from the Collection of the Supreme Court of the United States with the exception of the photograph of William O. Douglas, which is from the Library of Congress.

Acknowledgments

Steve Petteway, the Supreme Court's photographer, was generous with his time in helping me select most of the photographs that appear in this book. This is my second book to benefit from Steve's professional enthusiasm, and I thank him once again. I thank Sanford Levinson for his comments on the manuscript, and my husband and fellow law teacher, Eugene Fidell, for having read each chapter as it emerged. My editor, Nancy Toff, recruited me for this project and helped me to envision a world full of curious English-speaking readers who want to know more about the U.S. Supreme Court. I'm glad she did.

Chapter 1
Origins

"The judicial power of the United States, shall be vested in one Supreme Court, and in such inferior courts as the Congress may from time to time ordain and establish."

With those words—the opening sentence of the Constitution's Article III—the document's Framers announced the birth of an institution then unknown to the world, a national court with the authority to decide cases "arising under" the country's Constitution and laws. Precisely what that authority would mean in practice—what the Supreme Court's role would be with respect to the two elected branches of the new government—was far from clear when the Constitution was drafted in 1787. That role remains disputed even today, when Supreme Court nominees are routinely asked by members of the Senate Judiciary Committee to disavow all interest in using the Court's authority in a manner that might be described as "judicial activism."

This book is not intended primarily as a work of history. Its aim is to enable readers to understand how the Supreme Court of the United States operates today. But while detailed knowledge of the Court's history is not required for that purpose, acquaintance with the Court's origins helps appreciate the extent to which the Supreme Court that we know today has been the author of its own history. From the beginning, it has filled in the blanks of Article

III by defining its own power. In the process, the Court has defied Alexander Hamilton's prediction in Federalist No. 78 (one of the eighty-five essays in the Federalist Papers, written to rally public support for the Constitution's ratification) that lacking "influence over either the sword or the purse," and possessing "neither force nor will, but merely judgment," the judiciary would prove to be the "least dangerous branch." That process of self-definition continues today.

The Articles of Confederation that the new United States ratified in 1781 provided neither a national judicial system nor an executive branch. (There was a single national court, the Court of Appeals in Cases of Capture, with jurisdiction limited to disputes over captured ships. The Congress also had the power to establish special courts to resolve boundary disputes between states; such a court had only sat once.) Every state had its own system of courts, as the states do today. Citizens of the new nation had feared that a federal court system with general jurisdiction would threaten the sovereignty of the loosely confederated states. But to the delegates who assembled in Philadelphia in 1787 to revise the national charter, the absence of a national judicial system was one of the decentralized government's more obvious failings.

The Constitutional Convention quickly agreed to the proposal of Governor Edmund Randolph of Virginia for a national government of three branches: legislative, executive, and judicial. Randolph's resolution "that a national Judiciary be established" passed unanimously. Debating and defining the powers of Congress in Article I and of the president in Article II consumed much of the delegates' attention and energy. Central provisions of Article III were the product of compromise and, in its fewer than five hundred words, the article left important questions unresolved. Lacking agreement on a role for lower courts, for example, the delegates simply left it to Congress to decide how to structure them. The number of justices remained unspecified. Article III itself makes no reference to the office of chief justice, to whom the Constitution (in Article I) assigns only one specific duty, that of presiding over a Senate trial in a presidential impeachment. The convention debated at length over how the members of the Supreme Court should be selected, eventually settling on nomination by the president and confirmation by the Senate. By providing that federal judges "shall hold their offices during good Behaviour," the delegates intended to protect judicial independence.

But independence to do what, exactly? The delegates were aware that the supreme courts of several states were exercising the power of judicial review, invalidating legislative acts that, in the judges' view, violated provisions of the state's constitution. The Massachusetts Supreme Judicial Court, interpreting the Massachusetts Constitution of 1780, had invoked this power to declare slavery unconstitutional within the commonwealth. Courts in Virginia, North Carolina, New Jersey, New York, and Rhode Island had also exercised judicial review, sometimes generating public controversy, during the pre-Constitution period.

Although the delegates appear to have assumed that the federal courts would exercise some form of judicial review over federal and state laws, Article III says nothing explicit on the subject. It states in broad terms that the federal courts' judicial power "shall extend to all cases, in law and equity, arising under this Constitution, the laws of the United States, and treaties." It then goes on to list specific types of disputes over which the federal courts may exercise jurisdiction: cases between states; cases between a state and citizens of another state, or between citizens of different states; "controversies to which the United States shall be a party"; admiralty and maritime disputes; cases involving ambassadors and other foreign diplomats; and cases between a state or its citizens and the government or residents of a foreign state.

For the Supreme Court specifically, Article III makes a distinction between "original" and "appellate" jurisdiction—between the

Supreme Court as a court of first resort for cases involving states or foreign diplomats, and the Court as the recipient of appeals from lower courts in all other cases. Given the initial absence of lower courts, this distinction must have seemed quite arcane to readers of the judiciary article. It would shortly prove highly significant.

Once the Constitution was ratified, Congress quickly turned to the task of setting up a court system within the Article III framework. The Judiciary Act of 1789, often called the First Judiciary Act, established two tiers of lower courts: thirteen district courts that followed state lines, each with its own district judge, and three circuit courts, for the Eastern, Middle, and Southern Circuits. But the Judiciary Act did not provide for judges to staff the circuit courts. Instead, the circuits would be staffed during their two annual sittings by two Supreme Court justices and one district judge. This system required the justices to "ride circuit," an onerous duty under primitive conditions of interstate transportation, and one that early justices keenly resented. Hannah Cushing, the wife of Justice William Cushing, referred to herself and her husband as "traveling machines." Despite the justices' frequent complaints, however, this system lasted, in somewhat modified form, for more than a century, until Congress established fully staffed circuit courts (known today as United States Courts of Appeals, of which there are currently thirteen) in the Evarts Act of 1891.

The first Supreme Court, consisting of five associate justices and Chief Justice John Jay, a prominent New York lawyer from a distinguished family and a co-author of the Federalist Papers, began its work of self-definition almost immediately. Three of the associate justices, John Rutledge of South Carolina, James Wilson of Pennsylvania, and John Blair Jr. of Virginia, had been delegates to the Constitutional Convention. All were acutely aware of the Court's place in the Constitution's design of separated powers. (President George Washington later appointed two more Constitutional Convention veterans to the Court, William Paterson of New Jersey and Oliver Ellsworth of Connecticut.)

One early turning point came in 1793, when Secretary of State Thomas Jefferson sent the Supreme Court a letter on behalf of President Washington requesting help in resolving questions of interpretation that had arisen under the 1778 treaty between France and the United States. The letter posed twenty-nine specific questions. Judges of the state courts then commonly offered—as several still do—"advisory opinions" of the sort the president sought. But Chief Justice Jay and the associate justices viewed the request as falling outside the jurisdiction of the federal courts. In a letter to the president, the Court responded: "The lines of separation drawn by the Constitution between the three departments of the government—their being in certain respects checks upon each other—and our being judges of a court in the last resort—are considerations which afford strong arguments against the propriety of our extrajudicially deciding the questions alluded to."

This early rejection of an advisory role established a lasting principle: that the federal courts have the constitutional power to decide only those questions that arise in the context of disputes between opposing parties. The principle is easier to state than to apply, and the Court has spent the subsequent two centuries elaborating on it. Even today, the contours of what is often referred to as the "Article III jurisdiction" of the federal courts remain contested. The important points here are simply these: that questions concerning the federal courts' jurisdiction are anchored deeply in the nation's constitutional origins, and that the Supreme Court itself has provided the answers.

The Supreme Court met for the first time on February 2, 1790, in New York City, the country's first capital. The Court's meeting place was the Merchants Exchange (sometimes referred to as the Royal Exchange) building in lower Manhattan, the first of several locations that served as a home for the Supreme Court until the justices got their own building on Capitol Hill in 1935.

1. The Old Merchants Exchange Building. Sometimes called the Royal Exchange, this was the Supreme Court's first home. The Court met in this building in lower Manhattan for the first time on February 2, 1790.

After a year in New York, the Court moved to Philadelphia, sitting first in the State House and then in the city's newly constructed city hall, where the justices shared space with the mayor's court. After nine years in Philadelphia, the Court moved along with the rest of the national government to the new capital in Washington, DC in 1800. There, the Court operated for the next 135 years from the Capitol building. That the president and Congress were able to move into their own homes by 1800, while the Supreme Court lacked its own real estate until nearly the middle of the twentieth century, certainly suggests that the Court, and the branch that it was to head, began life in something less than equal partnership with the other two branches. It would be up to the Court itself to establish parity, something it achieved by giving itself dominion over the Constitution.

In the beginning, the prospect seemed distant that the Court would matter much at all. During its first two terms, February and August 1790, it had almost nothing to do. A year after its first session, the Court finally received its first case, but the case settled before argument. Six months later, in August 1791, the Court received a second case, an appeal in a commercial dispute. The justices heard arguments, but then declared that a procedural irregularity in the appeal barred them from proceeding to a decision. Not until 1792 did the Supreme Court begin issuing opinions.

In the early years, the justices worked hardest in their capacity as judges of the circuit courts, which had growing dockets due to their original jurisdiction over major federal crimes. It was in the circuit courts that the justices fleshed out some important principles of federal law and jurisdiction. One such instance came in 1792 in *Hayburn's Case*. A new law, the Invalid Pensions Act, directed the circuit courts to act as pension boards and determine the pension claims of injured Revolutionary War veterans. The justices, as circuit judges, refused to exercise this new grant of jurisdiction. The problem was that any determination by the court that a veteran was entitled to a pension would be subject to review by the secretary of war. In the justices' view, this added layer of executive branch review would turn the judicial determination into a nonjudicial act. Justices sitting on each of the three circuits wrote separately to President Washington explaining why they could not carry out the assigned duty. "Such revision and controul [*sic*] we deemed radically inconsistent with the independence of that judicial power which is vested in the courts," Justices James Wilson and John Blair, sitting on the Middle Circuit, explained in their letter. The attorney general appealed to the Supreme Court, which heard arguments but never issued a decision, because Congress revised the offending statute in the meantime. Was *Hayburn's Case*, then, the first instance of the Supreme Court declaring an act of Congress unconstitutional? Not formally. But the dispute received wide attention and could have left little doubt in the public's mind that these justices would be zealous guardians of the jurisdictional boundaries that they understood the Constitution to have drawn.

The next year, the Court decided what is generally viewed as the major case of the early years. The decision, *Chisholm v. Georgia* (1793), provoked an immediate backlash, in the form of the first constitutional amendment to be ratified after the ten amendments of the Bill of Rights. The case was a suit by a merchant in South Carolina against the state of Georgia for a Revolutionary War debt. The plaintiff sued directly in the Supreme Court under the provision of Article III that gave the Court jurisdiction over suits between a state and a citizen of a different state. The Court rejected Georgia's argument that as a sovereign state it was immune from suit without its consent. When Georgia refused to appear, the Court entered a default judgment against it.

The five justices in the majority (there was one dissent) each wrote a separate opinion, as was the custom. The opinions constituted a decision that was highly nationalist in tone. "As to the purposes of the union, therefore, Georgia is not a sovereign state," wrote Justice Wilson. Not surprisingly, the states were alarmed by this development, and a constitutional amendment to overrule the decision was introduced two days later. In 1798, the Eleventh Amendment received final ratification, providing that the jurisdiction of the federal courts "shall not be construed to extend" to cases brought by citizens of one state against another state. Despite that seemingly conclusive language, the scope of state immunity from suit was far from settled, and remains a contested question even today.

Chief Justice Jay, who had run unsuccessfully for governor of New York while serving on the Court, was elected governor in 1795 and resigned his office. A New York newspaper approvingly described the chief justice's election as governor as a "promotion." Washington nominated John Rutledge of South Carolina, who had previously been confirmed to a position as an associate justice but had resigned without ever taking his seat, in order to become chief justice of the South Carolina Court of Common Pleas. This time, Rutledge agreed to serve and accepted a recess appointment, but the Senate refused to confirm him. Because Rutledge did serve in the position of chief justice from August 12 until December 15, 1795, he is counted as the country's second chief justice.

Washington next nominated a sitting associate justice, William Cushing, whom the Senate promptly confirmed. But he declined to take his seat on the ground of poor health. The president's next nomination, of Oliver Ellsworth of Connecticut, was successful. He took his seat as the third chief justice in March 1796, and served until resigning in ill health on December 15, 1800. President John Adams then offered John Jay his old job back. But Jay, who by then had served two terms as New York's governor, declined, observing that he was "perfectly convinced" that the federal judicial system was fundamentally "defective" and could never "acquire the public confidence and respect which, as the last resort of the justice of the nation, it should possess."

This was the inauspicious background for the nomination by John Adams of John Marshall, his secretary of state, to be the nation's fourth chief justice. Marshall, a Virginian and combat veteran of the Revolutionary War, was forty-five years old, until this day the youngest person ever to assume the office (the next youngest was John G. Roberts Jr., who became chief justice in 2005 at the age of fifty). He was a national figure, having helped lead the effort in Virginia to ratify the Constitution and later having undertaken an important diplomatic mission to France. He was the oldest of fifteen children, a fact that may help explain his natural leadership qualities. Not infrequently, Marshall is mistakenly referred to as the first chief justice. The mistake is understandable. Taking his seat in February 1801, he served for more than thirty-four years until his death on July 6, 1835. He left the Court a transformed institution, no longer the stepsister of the other two branches. To the dismay of Thomas Jefferson, to whom Marshall administered the presidential oath of office on March 4, 1801, the Marshall

2. Chief Justice John Marshall. This portrait of the fourth Chief Justice was painted by Rembrandt Peale and has hung in several locations at the Court.

Court embraced a strongly nationalist vision of the country and a willingness to harness the Constitution, and the Court's own authority as its primary interpreter, in the service of that vision.

Marbury v. Madison, the Marshall Court's best-known case, and one of the most famous in Supreme Court history, was decided early in the chief justice's tenure, on February 24, 1803. It grew out of the tense and messy transition of power from the Adams Federalists to the Jeffersonian Republicans after the election of 1800. The Federalist-populated courts were a particular target of the victorious Republicans, especially after the outgoing Federalist Congress created forty-two new judicial positions for President Adams to fill during his waning weeks in office.

A Maryland tax collector, William Marbury, had received one of these "midnight" appointments as a justice of the peace for the District of Columbia. The Senate confirmed Marbury's appointment along with the dozens of others. But in order to take office, the newly confirmed judicial officers needed to receive the actual commission, a piece of paper that Marbury had not received by the time the Adams administration left office. President Jefferson's secretary of state, James Madison, refused to deliver the commission. Marbury, who had been active in Federalist political circles, filed suit directly in the Supreme Court. He sought a writ of mandamus, a judicial order commanding the delivery of his commission. It seemed a readily available remedy, because Congress in the Judiciary Act of 1789 had explicitly provided that citizens could go directly to the Supreme Court to seek a writ of mandamus against a federal official.

As a legal matter, then, the case seemed straightforward enough. But it was also highly political, and it placed the authority of the Supreme Court on the line. Madison was seen as likely to defy a direct order to give Marbury his commission. How could the Supreme Court uphold the rule of law without provoking a confrontation with the executive branch that could leave the Court permanently weakened?

Marshall's solution was to assert the Court's power without directly exercising it. His opinion for a unanimous Court—speaking in one voice in the new Marshall style, rather than through a series of separate concurring opinions as in the past—held that Marbury was due his commission but that the Court could not order it delivered. That was because the grant of "original" jurisdiction to the Supreme Court in Article III did not include writs of mandamus. Section 13 of the Judiciary Act, in which Congress gave the Court jurisdiction to decide original mandamus actions like Marbury's, was therefore unconstitutional and no mandamus could be issued. The decision gave the Court a measure of insulation at a time of political turmoil; without an order, the Jefferson administration had nothing to complain about. The decision's significance, of course, lay in the Court's assertion of authority to review the constitutionality of acts of Congress. "It is emphatically the province and duty of the judicial department to say what the law is," Marshall declared—a line that the Court has invoked throughout its history, down to the present. In the guise of modestly disclaiming authority to act, the Court had assumed for itself great power.

The full extent of that power was not immediately apparent. In fact, only six days later, with Chief Justice Marshall not participating, the Court avoided a possible constitutional confrontation. Voting 5–0 in *Stuart v. Laird* (1803), the justices upheld Congress's repeal of the Judiciary Act of 1801, a move some historians see as reflecting the Court's unwillingness to test the full dimensions of the power it had just claimed for itself. More than half a century would pass before the Supreme Court again declared an act of Congress unconstitutional. That was the *Dred Scott* decision of 1857 (*Scott v. Sandford*), invalidating the Missouri Compromise and holding that Congress lacked authority to abolish slavery in the territories. That notorious decision, a step on the road to the Civil War, was perhaps not the best advertisement for judicial review. But since then, the Court has lost its early reticence. It has declared acts of Congress unconstitutional more than 150 times.

How the modern Court exercises its great power—how cases reach the Court and how the justices proceed to select them and decide them—who the justices are and how they are chosen—are the subjects of the remainder of this book.

Chapter 2
The Court at work (1)

A disappointed litigant's vow to "take my case all the way to the Supreme Court!" is likely to prove an empty threat. An appeal on the way to the Supreme Court encounters many obstacles. Some derive from the Constitution itself; Article III limits the jurisdiction of the federal courts to deciding "cases" and "controversies," although, as we shall see, the meaning of those words is hardly self-evident. Another obstacle is inherent in the Supreme Court's place in the federal system: the Court generally may not review a state supreme court's interpretation of a state's own constitution. For example, the Court could not have reviewed the Massachusetts Supreme Judicial Court's decision in 2003 to grant same-sex couples the right to marry under state law, because the state court based its decision on its interpretation of the Massachusetts Constitution (*Goodridge v. Department of Public Health*). (State high court decisions that interpret the U.S. Constitution do fall within the Supreme Court's jurisdiction, however.) Other obstacles to Supreme Court review stem from federal law. For example, Congress has set strict deadlines for filing Supreme Court appeals.

Someone who has followed all the rules and whose case falls cleanly within the Court's jurisdiction then encounters perhaps the most daunting obstacle of all: the justices' freedom to say no. Unlike most appellate courts, which must act on all properly presented appeals, the Supreme Court has nearly complete control over its docket. Year in and year out, the justices agree to decide only about 1 percent of the cases that reach them. The Court hears appeals from the thirteen federal appeals courts, the high courts of the fifty states, and occasionally from other courts, including the highest court in the military justice system, the United States Court of Appeals for the Armed Forces. A small category of cases, most notably appeals concerning voting rights and redistricting, reach the Court directly from special federal district courts. During the 2010–11 term, 7,857 new petitions for review reached the Court. Carrying over 1,209 petitions from the previous term, including forty that the justices had already agreed to hear but that had not yet been argued, the Court granted an additional ninety cases and issued a total of seventy-eight opinions.

Several recent examples illustrate the types of cases the Supreme Court decides and how the justices approach the task of decision. While there is no typical Supreme Court case, there is a typical *range* of cases during a given term, with the cases that the Court has chosen to review falling roughly evenly into two main categories. One category consists of cases of constitutional interpretation, usually involving a claim that a federal or state statute or policy violates a provision of the Constitution. The second category consists of cases requiring the justices to decide the meaning or application of a federal statute. A subset of this category consists of cases about the work of federal agencies. (A third category consists of suits between states—the one or two cases every year that fall within the Court's "original jurisdiction" to hear such disputes. These are often new chapters in long-running disagreements over state boundaries or interstate water rights. The Court appoints a lawyer or retired judge as a "special master" to take evidence and make a recommendation. The process can take years.)

Constitutional cases

Some constitutional cases present structural issues involving the separation of powers. Is each branch exercising its allotted authority, and not that of another branch? Does Congress, or the president, have the authority to do what each seeks to do? Some recent examples: Does Congress have the authority to prohibit the local cultivation and use of marijuana for medical purposes, as authorized by a state's "compassionate use" law? (The Court said yes, in *Gonzales v. Raich* (2005), an interpretation of the congressional power to regulate interstate commerce.) Does the president have the unilateral authority to establish a system of trial by military commission for noncitizens detained as "enemy combatants"? (The Court said no in *Hamdan v. Rumsfeld* (2006), a decision rich in separation-of-powers overtones while relying, as a formal matter, on statutory and treaty language.)

More often, constitutional cases present claims of individual rights: free speech under the First Amendment, freedom from unreasonable search and seizure under the Fourth Amendment, a claim that a law or policy amounts to the denial of equal protection under the Fourteenth Amendment. Does a state-owned law school violate the equal-protection rights of white applicants by maintaining an admissions policy that favors minority applicants? (The Court said no in *Grutter v. Bollinger* (2003), on the ground that the policy served the state's "compelling interest" in increasing educational diversity.) Does the Second Amendment's reference to "the right of the people to keep and bear arms" give individuals the right to keep a gun at home for self-defense? (The Court said yes in *District of Columbia v. Heller* (2008), striking down the District of Columbia's gun-control statute.)

There are several observations to make about the Court's constitutional cases. First, none of the cases mentioned here was decided unanimously; each garnered at least three dissenting votes. So whatever the Constitution was saying, the justices acted on different understandings of its commands, an indication that the art of constitutional interpretation is far from a paint-by-numbers exercise. Second, many constitutional cases, like the law school affirmative-action case, require the justices to balance competing interests, in this instance the white plaintiff's claim of a right to equal treatment versus the state's assertion of society's need for an ethnically diverse educated population. Different justices will balance competing claims differently, in a context-laden process that is considerably more complex than simply deciding in a vacuum whether one side's claim is valid. Much of constitutional law, as it has evolved, entails some sort of balancing test between competing constitutional values.

Third, unlike the early justices, justices of the modern Court rarely find themselves in the position of confronting the Constitution head-on. Rather, constitutional questions reach the Court encrusted by layers of precedent built up over more than two centuries. Sometimes, of course, the decision is to reject the precedent: *Brown v. Board of Education* (1954) interpreted the Fourteenth Amendment's equal protection guarantee to prohibit official segregation, which a fifty-eight-year-old precedent, *Plessy v. Ferguson* (1896), had deemed acceptable as long as the "separate" facilities were "equal." But in the great majority of cases, the justices sift through the available precedents like miners panning for gold, hoping to find one that suggests an answer to the question at hand. Supreme Court opinions are not built from scratch. Most contain multiple quotations from the Court's earlier cases, from which the opinion writer reasons by analogy. In any area of doctrine in which the Court has been active for a long time, there are usually precedents that can plausibly support a variety of outcomes.

The 2008 Second Amendment case from the District of Columbia was an exception. Surprisingly enough, the Court had never issued an authoritative interpretation of the Second Amendment, so there was no binding law to apply to the question of whether the District's prohibition on individual handgun ownership was constitutional. There was, of course, the amendment's opaque, one-sentence text: "A well regulated militia, being necessary to the security of a free state, the right of the people to keep and bear arms, shall not be infringed." Even leaving aside the excessive punctuation, the sentence is confusing, and its implications for individual gun rights, divorced from the context of a "well-regulated militia," are unclear.

Justice Antonin Scalia, for the five-member majority, and Justice John Paul Stevens, for the four dissenters, grappled with the text and history of the Second Amendment and reached opposite conclusions. Who were "the people" whose right the amendment was protecting? According to Justice Scalia, these were the same "people" who enjoyed the other individual rights protected by the Bill of Rights, such as the First Amendment's "right of the people peaceably to assemble." The amendment codified a "pre-existing" individual right to self-defense, Scalia concluded. But to Justice Stevens, "the people" addressed by the Second Amendment were those with a duty to serve in the state militia, and the right was a collective one, to be exercised only in connection with military service. The two sides also disagreed over what the amendment implied by the words "bear arms." Justice Stevens regarded the phrase as an idiom limited to the context of military service. Justice Scalia, recognizing no such limitation, interpreted the phrase as referring more generally to self-defense.

One of the four dissenters, Justice Stephen G. Breyer, while signing the Stevens dissent, proposed an alternative approach, which he called a "focus on practicalities." The question he asked was what purpose the District of Columbia's statute served and how that purpose might relate to the interests the Framers of the Second Amendment sought to protect. The District meant to protect public safety in a densely populated urban environment, Justice Breyer observed. He noted that during the colonial period, the major cities of the American colonies pursued a similar goal by restricting the storage of gunpowder in private homes, where it presented a fire hazard. Boston flatly prohibited bringing loaded firearms into "any dwelling-house" or "other building, within the Town of Boston," despite a provision in the Massachusetts Constitution that granted "the people . . . a right to keep and to bear arms for the common defence." Breyer's conclusion was that even if the Second Amendment was understood to protect an individual right, the Framers contemplated exceptions, and the District's gun-control law was compatible with the original understanding.

As the Second Amendment example shows, justices employ a variety of tools to interpret the Constitution. Text and history are the commonly accepted starting points although, as this case demonstrates, neither may provide a definitive answer. In his 1997 book, *A Matter of Interpretation: Federal Courts and the Law,* Justice Scalia describes himself as a textualist and an "originalist" who believes that the only legitimate basis for interpreting a provision of the Constitution is the original understanding of the Constitution's Framers. "If the courts are free to write the Constitution anew," he warns, "they will, by God, write it the way the majority wants . . . By trying to make the Constitution do everything that needs doing from age to age, we shall have caused it to do nothing at all."

Justice Breyer, on the other hand, advocates a "pragmatic" approach that rejects overarching theories in favor of "a Constitution that works well for the people today." In his own book on constitutional interpretation, *Making Our Democracy Work: A Judge's View* (2010), Breyer writes that "the Court should reject approaches to interpreting the Constitution that consider the document's scope and application as fixed at the moment of framing. Rather, the Court should regard the Constitution as containing unwavering values that must be applied flexibly to ever-changing circumstances."

Statutory cases

Although at first glance cases that require the justices to interpret statutes might seem simpler, the statutory side of the Court's docket presents many of the same challenges and has provoked similar disputes over basic principles of interpretation.

If a statute was perfectly clear, chances are that it would not be the subject of a Supreme Court case. But it is the rare statute that by its own terms answers every question that might arise. Perhaps Congress failed to anticipate the full range of situations in which the statute might be invoked. Or, quite often, the task of addressing all the possible applications of a bill under consideration exceeds the legislative appetite for detail or requires one compromise too many. Congress is then quite happy to let the courts fill in the blanks. After all, unlike a constitutional ruling, a ruling on the meaning of a statute can be overturned by new legislation if Congress concludes that the courts have come up with the wrong answer.

The Americans with Disabilities Act provides a vivid example. Since its enactment in 1990, this major civil rights law, which prohibits discrimination on the basis of disability, has been the subject of dozens of court decisions, including several major Supreme Court rulings. The law's prohibitions are, for the most part, clear, but what is a disability? Congress provided only a spare definition: "(A) a physical or mental impairment that substantially limits one or more of the major life activities; (B) a record of such an impairment; or (C) being regarded as having such an impairment." The Equal Employment Opportunity Commission, the federal agency charged with administering the law, in turn issued a regulation defining "major life activities" to include "functions such as caring for oneself, performing manual tasks, walking, seeing, hearing, speaking, breathing, learning, and working."

A question arose quickly: what if someone had a condition that met one of the definitions but that could be mitigated by medication or by a medical device? Did the person still have a disability within the meaning of the law? Which counted, the corrected state or the uncorrected state? The statute and the regulations were silent. Two women with poor but completely correctable eyesight brought a lawsuit under the act after they were turned down for jobs as airline pilots. They argued that since they had been denied employment on the basis of their eyesight, they should be considered disabled and protected against employment discrimination. The Supreme Court found otherwise in *Sutton v. United Airlines* (1999), noting that with glasses, the women were not limited in any major life activity. Congress intended to limit the law's coverage "to only those whose impairments are not mitigated by corrective measures," the Court concluded. A man whose high blood pressure was controlled by medication was fired from his job as a commercial truck driver when the employer learned of his hypertension diagnosis. He sued, arguing that the law protected him. In *Murphy v. United Parcel Service* (1999), the Supreme Court rejected the claim, on the same ground: when medicated, the truck driver was not limited in a major life activity. Finally, confronted with a tide of individual claims, the Court attempted a more general clarification. *In Toyota Motor Mfg. v. Williams* (2002), the justices rejected the claim of a woman who was unable to continue in her assembly-line job because carpal-tunnel syndrome limited her ability to perform the required manual tasks. The Court held that "the central inquiry must be whether the claimant is unable to perform the variety of tasks central to most people's daily lives, not whether the claimant is unable to perform the tasks associated with her specific job."

It is worth noting that the first two decisions were not unanimous. Two justices, Stevens and Breyer, objected in dissent, in the case of the nearsighted pilots, that the Court had reached the "counterintuitive conclusion" that the law's "safeguards vanish when individuals make themselves more employable by ascertaining ways to overcome their physical or mental limitations." Observing that the Americans with Disabilities Act was designed to redress a common cause of discrimination, the two justices said that rather than read the law narrowly, the Court should follow "a familiar canon of statutory construction that remedial legislation should be construed broadly to effectuate its purposes."

The disability cases thus illustrate conflicting approaches to the task of statutory interpretation: one, an effort to fit the case at hand to the statute's precise words, and the other, an effort to step back and interpret the statute in light of the congressional purpose in enacting it. To ascertain purpose often requires reference to the statute's legislative history—to the floor debates, the records of committee hearings, committee reports, and the final reports of the Senate and House of Representatives. For the disability act, as the dissenters pointed out, these materials made it clear that whether a person had a disability was to be determined based on the person's uncorrected state; a person with hearing loss, for example, was to be deemed limited in the major life activity of hearing without regard to whether hearing aids could correct the problem.

Justice Breyer has argued that courts, as "partners in the enterprise," should use the materials at hand to help Congress carry out its legislative purposes. Justice Scalia, by contrast, refuses to cite legislative history at all, due to what he considers its unreliability and "manipulability" by congressional staff members. Rather than guess at an underlying purpose, he argues, courts should simply hold Congress to the precise language that it enacts into law. Other justices consider legislative history to be an informative tool at least some of the time.

Administrative agencies

The steady growth of the administrative state means that the Supreme Court is often presented with the question of whether an administrative agency is properly carrying out its assigned duties. Notable cases in recent years have been driven by disputes over environmental policy and the enforcement, or lack of enforcement, of the nation's environmental laws. Although the Clean Air Act and the Clear Water Act are decades old, dating to the 1970s, disputes over these statutes continue to provide the Court with a steady diet of cases.

If the statute governing an agency is unclear as to the matter at hand, the Court will defer to the agency's plausible interpretation of its mandate. But if the statute is unambiguous, the Court directs the agency to carry out the will of Congress.

The refusal of the Environmental Protection Agency to regulate motor vehicle emissions of carbon dioxide and three other heat-trapping gasses presented such a case late in the administration of President George W. Bush. The agency had turned down a petition from a coalition of environmental groups requesting it to initiate a formal rule-making process leading to the regulation of "tailpipe emissions" associated with climate change. In refusing to act, the EPA said it lacked authority under the Clean Air Act because the so-called greenhouse gasses were not "air pollutants" within the meaning of the statute. In an appeal brought by Massachusetts, other states, and a group of environmental organizations, the Court disagreed, noting that the Clean Air act was "unambiguous" in including these gasses within its "sweeping definition" of "air pollutants." Going forward, the Court said in *Massachusetts v. Environmental Protection Agency* (2007), the agency could refuse to regulate only if it could provide a reason for doing so based on science, not policy. (Two years later, the Obama administration issued new regulations governing emissions from cars and light trucks.)

This case was notable for another dimension beyond administrative law. Four justices argued in dissent that the Court lacked authority to decide the case because the agency's challengers did not have "standing"; they could not show, the dissenters said, that they suffered any actual injury from the refusal to regulate. Thus according to the dissent, the dispute was not the kind of "case" or "controversy" that met the Article III requirements for jurisdiction.

Consideration of this argument brings us back to a discussion of the obstacles to jurisdiction in the Supreme Court and the other federal courts. The Court has spent many years interpreting the words "cases" and "controversies." From the beginning, the Court has refused to offer advisory opinions. There must be a concrete dispute between adversarial parties, one that is ripe for adjudication and not rendered moot by some intervening event. Essential to meeting the case-and-controversy requirement is a plaintiff with standing, a concept with three elements. First, the party bringing the suit must have suffered an injury that is actual or imminent—that is, not hypothetical—and particularized—that is, personal and not shared with the population as a whole. (This requirement eliminates most forms of "taxpayer standing"; members of the public do not have a right, simply by virtue of their status as taxpayers, to go to court to challenge policies they disagree with or believe to be unconstitutional.) Second, the plaintiff must show that the defendant caused the injury by an unlawful action or failure to act. Third, the injury must be of a sort for which a court can actually grant relief. These three requirements are often boiled down to the shorthand: "injury-in-fact, causation, and redressability."

The majority in the Environmental Protection Agency case found that at least one of the multiple plaintiffs, Massachusetts, met all three requirements. The state faced losing coastal land to rising seas ("injury-in-fact") in a process due at least incrementally to the contribution that emissions from motor vehicles were making to global warming ("causation"). And regulation by the agency to reduce the emissions would at least to some degree mitigate the problem ("redressability"). The dissenters argued that the state met none of the requirements: that its assertion of injury was conjectural, not sufficiently traceable to the agency's inaction, and insufficiently likely to be redressed by regulation. The lawsuit, the dissenters concluded, did not meet the case-or-controversy requirement of Article III.

Clearly, jurisdictional issues such as these are contested territory in the modern Supreme Court. As this case demonstrates, each jurisdictional requirement is open to interpretation. The concepts at issue are not static. The Court's willingness to find standing has expanded and contracted over time, often reflecting how closely the justices care to scrutinize the activity of the other branches of government. Jurisdictional questions may appear technical and arcane, but they provide an indispensable window into how the justices see the Court's role at a given point in time.

One final observation: since the Court operates by majority rule, justices are effective at projecting their personal views only to the extent that they can persuade others. That is not to say that individual views are unimportant. On a closely divided Court, a justice can withhold a vote from one group and cost that side a majority. But to shape the law affirmatively, a justice needs allies, usually four of them. Further, the norm of adjudication requires giving reasons. A Supreme Court opinion typically describes the facts of the case and the range of relevant precedents and legal principles, and then gives the reasons why one legal path rather than another leads to the correct resolution. Any of those steps—fitting the facts together, describing the relevant law, and choosing a path to the final judgment—may be contested in a given case, and a justice writing a majority opinion must persuade a majority of all three if the opinion is actually to speak for "the Court."

Chapter 3
The justices

There are no formal requirements for becoming a Supreme Court justice. The Constitution requires a senator to have reached the age of thirty, and a president to be at least thirty-five and a "natural born citizen," but it sets no comparable rules for justices. Theoretically, anyone who can get nominated by the president and confirmed by a majority vote of the Senate can be a Supreme Court justice. Everyone who has served on the Court has been a lawyer, however, although many of the early justices were not law school graduates; as was customary, they had "read law" under the supervision of a member of the bar. (The last justice without a formal legal education was Robert H. Jackson, who joined the Court in 1941; he had been admitted to the New York bar after only one year of law school.)

After setting the membership of the Supreme Court at six (one chief and five associate justices) in the first Judiciary Act, Congress proceeded to change the number of justices five times: to seven in 1807, nine in 1837, ten in 1863 (the tenth seat was never filled), and seven again in 1866 before settling at the present nine in 1869. While perceptions of the Court's workload played a role in the variable number of seats, so did politics: the 1866 elimination of two seats effectively prevented President Andrew Johnson from making any Supreme Court appointments, while the increase to nine after the election of President Ulysses S. Grant gave the new president two new seats to fill. In 1937 Congress rejected President Franklin D. Roosevelt's proposal to add a new justice, up to a total of fifteen, any time an incumbent reached the age of seventy and refused to retire. While it is unlikely that the size of the Court will ever change again, some scholars, troubled by the increasing length of service on the Court and the advanced age at which justices retire, have recently put forward a proposal that would add new justices, move the oldest into a senior status, and assign the Court's active work to the most junior nine.

Initially, the Court's membership was entirely Protestant as well as, needless to say, white and male. The first Roman Catholic on the Court was the fifth chief justice, Roger B. Taney, appointed in 1836. Not until Thurgood Marshall's appointment in 1967 was the Court's membership anything other than all white, and not until Sandra Day O'Connor joined the Court in 1981 was it anything other than all male. Since then, the Court has slowly come to reflect more of the nation's diversity, although the reflection is not without distortions. On Thurgood Marshall's retirement in 1991, his seat was filled by a second African American, Clarence Thomas. Ruth Bader Ginsburg joined O'Connor on the bench in 1993. The Court that convened on October 4, 2010, for the start of its new term included three women (Ginsburg, Sonia Sotomayor, and Elena Kagan); one African American, Thomas; one Latina, Sotomayor; six Catholics; and three Jews. John Paul Stevens was the only Protestant on the Court when he retired in 2010. The nomination of the first Jewish justice, Louis D. Brandeis in 1916, had stirred controversy, and for many years there was a sole "Jewish seat" on the Court. But by the time Elena Kagan joined the Court in 2010 as one of three Jewish justices (with Ginsburg and Breyer), a nominee's religious background was generally viewed as irrelevant.

So too was a justice's place of origin. For many years, presidents had tried to achieve some geographic balance on the Court, reflecting the notion that different regions of the country had

3. The only four women ever to serve on the Supreme Court gather at the Court for Justice Elena Kagan's investiture, October 1, 2010. From *right* to *left*, Justice Kagan with Justices Ruth Bader Ginsburg and Sonia Sotomayor and retired Justice Sandra Day O'Connor.

different interests and perspectives that the Court should reflect. But geography had long since faded as a salient factor in Supreme Court nominations by the time Kagan joined the Court as a fourth New Yorker (with Scalia, Ginsburg, and Sotomayor). Neighboring New Jersey produced a fifth justice, Samuel A. Alito Jr.

The modern Court has also notably lacked diversity of professional background. Following Sandra Day O'Connor's retirement in 2006 and her replacement by Alito, all the members of the Court, for the first time in the country's history, had been federal appeals court judges immediately before their appointments. Elena Kagan's nomination in 2010 broke that mold. Solicitor general of the United States and before that, dean of Harvard Law School, she was the first Supreme Court nominee in thirty-nine years (since the 1971 nominations of William H. Rehnquist and Lewis F. Powell Jr.) never to have been a judge.

Few would have predicted such resumé-narrowing back in earlier days, when justices were drawn from the top ranks of the executive and legislative branches. Members of the Warren Court (1953–69), for example, included three former United States senators (Hugo L. Black, Harold H. Burton, and Sherman Minton, only one of whom, Minton, had prior judicial service). Two others had been attorney general of the United States (Robert H. Jackson and Tom C. Clark, neither of whom had been judges). Others had held elective office at the local, state, or federal level. Chief Justice Earl Warren himself had served three terms as governor of California and had run for vice president on the national Republican ticket in 1948. He had never been a judge.

The change in the biography deemed appropriate for members of the Supreme Court is due in significant measure to the politics of the modern nomination and confirmation process. More than in the past, that process has become an occasion for a national debate about the role of the Court and the constitutional values that justices should be expected to uphold. Of course there has always been political conflict surrounding Supreme Court nominations, as presidents since George Washington have learned and as Franklin D. Roosevelt's effort to tame a recalcitrant Supreme Court exemplifies. But recent decades of divided government, increasing partisanship in Congress, the Court's high visibility in debates over divisive social issues plus its own close ideological balance have combined to raise the stakes for any nomination. Add the ability of partisans to conduct saturation-level media campaigns and it is easy to understand that a president faced with filling a Supreme Court vacancy wants no surprises, either in the confirmation process or during the nominee's subsequent service on the Court. The most readily available insurance policy against the unknown, although obviously far from perfect, is a judicial record that indicates how a potential nominee approaches the craft of judging as well as specific legal issues. In fact, appointing a sitting judge can serve a dual purpose for the president by providing a recognized credential the president can point to in order to buffer any implication that the selection was driven by ideology.

Nonetheless, a president who seeks to use a Supreme Court appointment to advance an agenda that Congress has not embraced, especially when the balance on the Court is perceived to be at stake, is most likely to meet resistance no matter how impressive the credentials of the nominee. The battle over President Ronald Reagan's nomination of Judge Robert H. Bork in 1987 is often depicted as the event that created the modern "confirmation mess." Although perhaps different only in degree rather than in kind, the Bork battle was a politically galvanizing event that played out in a bright media spotlight and left a legacy of bitterness that shaped the handling of subsequent nominations.

The Bork nomination had every ingredient of a recipe for political conflagration. The Reagan administration, having lost the Senate to the Democrats the previous November, was in a weakened political position, vexed by the Iran-Contra foreign policy scandal. Judge Bork, a longtime law professor whom the administration had placed on a federal appeals court to ready him for a Supreme Court nomination, was an outspoken conservative with a long list of publications arguing against the tenets of modern constitutional law. Lewis Powell, the moderate conservative Bork was named to replace, was the "swing" justice of his day, holding the balance of power on a closely divided Court, so that a potential Justice Bork was seen as an agent of change on such issues as abortion and affirmative action, both of which Powell had supported to at least some degree.

A coalition of liberal groups and leading Democratic senators organized to defeat the nomination by depicting Bork as "out of the mainstream." The nominee played into his opponents' hands during a week of televised testimony before the Senate Judiciary

Committee, during which he defended his "originalist" judicial philosophy and offered gruff criticism of the Court's reliance on a right to privacy, not found in the Constitution's text, to protect a couple's right to use contraception and a woman's right to abortion. There is little doubt that the defeat of Robert Bork's nomination, by a vote of 58 against to 42 in favor, staved off a sharply conservative turn on the Court. A centrist conservative, Anthony M. Kennedy, a judge on the federal appeals court in California, was ultimately confirmed to the seat. He supported the right to abortion and, in equally sharp contrast with Bork, embraced a robust view of the First Amendment right to free speech. During the years following the terrorist attacks of September 11, 2001, Kennedy voted repeatedly with the Court's majority to reject President Bush's claim of unilateral authority over detention policies for enemy fighters. Robert Bork, from the sidelines, denounced those decisions.

There has been an intermittent debate over the years over whether the Senate should defer to the President's Supreme Court choices if the nominees' professional qualifications were satisfactory, without regard to senators' own ideological preferences. As a theoretical matter, that debate is still ongoing. As a practical matter, the Bork battle resolved it. The Senate asserted the right to evaluate qualifications, which Judge Bork certainly possessed, through the lens of ideology, which in his case alarmed a majority of the senators. "Judge Bork's confined vision of the Constitution and of the task of judging itself carries too great a risk of disservice to future national needs and distortion of age-old constitutional commitments to permit his confirmation," the Judiciary Committee's report on the nomination concluded after reviewing Bork's testimony for nearly one hundred pages.

After Bork's defeat, his supporters warned that presidents would never again be able put forward a nominee who had accumulated a "paper trail" of engagement with the great issues of the day. That prediction did not prove precisely accurate. Before becoming a federal appeals court judge, Ruth Bader Ginsburg had been a leading civil rights lawyer who, in a half dozen Supreme Court arguments during the 1970s, played a major role in persuading the justices to regard sex discrimination as a matter of constitutional concern. Her record of advocacy, her paper trail, was long. Yet she was quickly and easily confirmed, by a vote of 96 to 3. One difference was that both the White House and the Senate were in Democratic hands. Another was that in twelve years on the appeals court (overlapping with Robert Bork's brief service on the same court), she had shown herself to be a cautious, centrist-minded judge. Further, the positions for which she had advocated had for the most part been adopted by the Supreme Court and could not plausibly be described as "out of the mainstream."

Yet despite coming before the Judiciary Committee in a position of strength in 1993, Ginsburg set a precedent that shaped subsequent confirmation hearings: she declined to engage the senators in more than minimal conversation about her views. Without disavowing any of her public positions, she refused to answer abstract questions and deflected more specific questions by saying that she should not take a position on an issue that might well come before the Court. Later nominees also took refuge in this strategy, with the result that the modern confirmation hearing has become a largely unrevealing ritual. (Ginsburg's appeals court colleague, Antonin Scalia, had in fact employed an extreme version of the say-nothing strategy at his Supreme Court confirmation hearing in 1986, telling the senators that "I do not think I should answer any questions regarding any specific Supreme Court opinion, even one as fundamental as *Marbury v. Madison*." Following the Bork hearing, nominees were expected at least to pay their respects to major landmark precedents.)

John Roberts, nominated to be chief justice in 2005, also had a paper trail, one of memos and analyses he had written as a young lawyer in the Justice Department and White House during the Reagan administration. Some were dismissive of civil rights claims and many were unmistakably conservative in tone. But Roberts—also a judge on the same appeals court where Bork and Ginsburg had served—came to his confirmation hearing prepared to deflect questions about his views. Unlike policymakers, Roberts said in his opening statement, judges are bound by precedent and should approach their role with "a certain humility." He told the senators: "Judges are like umpires. Umpires don't make the rules; they apply them." Not all senators were reassured, but enough were. The senate confirmed the seventeenth chief justice by a vote of 78 to 22, with the "no" votes coming from half the chamber's forty-four Democrats.

Despite the attention that presidents and senators pay to Supreme Court nominations, nominees do not always turn out as forecast. Political scientists have charted the phenomenon of "ideological drift" and have concluded that it is common—even, perhaps, the rule rather than the exception, with some justices shifting ideological direction more than once. The leading example in recent decades is that of Harry A. Blackmun, appointed in 1970 by President Richard Nixon as a reliable conservative who gave every sign of being an ideological soul mate of his boyhood friend, the recently appointed chief justice Warren E. Burger. Yet by the time Blackmun retired twenty-four years later, he was the most liberal member of the Court—to be sure, a more conservative Court than the one he had joined, but his leftward migration on nearly all important issues was striking. John Paul Stevens, another Republican appointee, became more liberal during his tenure of more than thirty-four years. To a lesser degree, so did Sandra Day O'Connor and David H. Souter, likewise Republican appointees. The category of justices who became more conservative while on the Court appears much smaller. That is perhaps because no Democratic president made a Supreme Court nomination from 1967 until 1993, leaving a very small recent pool of justices who might be in a position to drift to the right. Arguably the most recent to have done so was Byron R. White, appointed in 1962 by President John F. Kennedy.

How can substantial changes in outlook be explained among a group of mature, professionally experienced individuals? (Blackmun was sixty-one when he was named to the Court, and had been a federal appeals court judge for eleven years.) Robert Jackson, observing the Court as FDR's attorney general, posed a version of that question in a book he published shortly before his own appointment as a justice in 1941."Why is it," he asked in *The Struggle for Judicial Supremacy*, "that the Court influences appointees more consistently than appointees influence the Court?" Indeed, Jackson himself changed while on the Court: initially a strong supporter of presidential power, he grew skeptical of its exercise, and in 1952 wrote an opinion, still widely cited today, setting out a framework for confining a president's assertion of authority (*Youngstown Sheet & Tube Co. v. Sawyer*).

As Jackson's question suggests, the experience of serving on the Court is a unique and powerful one, providing new perspectives that can dislodge preconceived notions—for some, but obviously not for all. The author of a study of the twelve Republican-appointed justices between 1969 and 2006 found a strong correlation between prior service in the federal executive branch and ideological stability as a Supreme Court justice. Half of the group had held substantial executive branch positions before joining the Court while half had not. Only those without such experience drifted leftward. Another scholar, going back to Earl Warren's appointment in 1953, pointed to residency at the time of appointment as the distinguishing feature between those who exhibited "voting change" on civil liberties issues and those who did not. Those who were living in Washington, DC, at the time of their nomination tended not to change, while those who came to the Court from outside the Beltway became more liberal. Of course, there is substantial, although not complete, overlap between those with executive branch experience and those living in Washington. Perhaps the challenging experience of a midlife move to a new city makes a new justice even more open to new perceptions.

The Constitution makes federal judges, along with the president, vice president, and "all civil officers of the United States" subject to impeachment for "high crimes and misdemeanors." Although a dozen judges of the lower federal courts have been impeached by the House of Representatives, convicted by the Senate, and removed from office following criminal convictions, Congress has never removed a Supreme Court justice. The House voted in 1804 to impeach Justice Samuel Chase on charges of sedition. Chase was a fervent partisan of the former president, John Adams. He had angered the newly empowered Jeffersonian Republicans by his speeches and particularly by a grand jury charge he delivered as a circuit judge that criticized President Jefferson. Chase had, however, committed no crime, and the Senate acquitted him. He remained on the Court for another seven years. The episode established the principle that disagreement with a judge's judicial acts is not a valid reason for impeachment.

Nonetheless, there were calls during the 1960s for the impeachment of Chief Justice Earl Warren, and in 1970 the Republican leader of the House of Representatives, Gerald R. Ford, led an effort to impeach Justice William O. Douglas, an outspoken liberal. Ford's campaign against Douglas, backed by the Nixon administration, centered on the justice's activities off the bench, including his multiple marriages, publication of a book and magazine articles, and service on the board of a private foundation. When asked to explain how these activities amounted to impeachable offenses, Ford replied that "an impeachable offense is whatever a majority of the House of Representatives considers it to be in a given moment of history." The House Judiciary Committee investigated the complaint against Douglas at length but declined to recommend impeachment, and the effort died. Douglas retired in 1975 after a tenure of thirty-six years, the longest in the Court's history. Through an odd twist of fate, Gerald Ford had become president a year earlier when Richard Nixon resigned in the face of impeachment.

4. William O. Douglas, photographed on March 20, 1939, the day of his nomination to the Supreme Court by President Franklin D. Roosevelt. At the age of forty, Douglas was the youngest man ever named to the Court, and he served the longest, retiring in 1975 after thirty-six years.

Finally, another word about the incipient debate over the merits of life tenure for Supreme Court justices. The debate is largely confined to the legal academy and may well never go farther, but it is illuminating of demographic trends and perceptions. When the Constitution was being debated, life tenure for judges was not a given. Thomas Jefferson opposed it, arguing for renewable terms of four to six years. But the Framers chose to protect judicial independence by a guarantee of tenure "during good Behavior" as well as by providing that a judge's salary could not be reduced.

Today, however, criticism comes from both the Right and the Left, from scholars who argue that when justices linger well into advanced old age in order to time their retirements according to political loyalty, and when presidents try to project their legacies far into the future by seeking ever younger nominees, life tenure exerts a distorting effect on both the institutional life of the Supreme Court and the political life of the country. Certainly justices are living longer and staying longer. Between 1789 and 1970, justices served an average of fifteen years. Between 1970 and 2005, the average jumped to more than twenty-six years. The Court went without a vacancy for eleven years between 1994 and 2005, the longest period without turnover since the 1820s.

Removing life tenure directly would require a constitutional amendment, an arduous if not impossible task. So some advocates of change have proposed a statutory work-around that would achieve much the same result: continuing to appoint justices for life, but establishing that the term of active service would be eighteen years. A justice would then move into the semi-retired ranks, similar to the system in place for the lower federal courts, available to be called upon to break a tie when only eight justices would otherwise be available to sit, or for other judicial duties. The opening for a position as one of the nine active justices would then be taken by a new appointee. Under this system, a new justice would be appointed every two years. In other words, every president would get two appointments, thus regularizing the current randomness with which vacancies now occur. No president would have to suffer the drought that Jimmy Carter faced, without a single Supreme Court vacancy to fill during his presidency.

The critics of life tenure note that all other constitutional democracies, while borrowing much from the American example, including the norm of judicial independence, have rejected life tenure for their high court judges. Canada, Australia, Israel, and India, for example, impose fixed age limits, while the constitutional courts of Germany, France, and South Africa have fixed terms. Among the fifty states, only Rhode Island has placed no limits on the tenure of the judges on its state supreme court.

The critique of life tenure may never gain public traction in the United States. But it poses the provocative question of where protection for judicial independence most reliably lies: on paper alone, or in a country's culture of learned expectations from courts that in turn preserve public trust with reasoned judgment.

Chapter 4
The chief justice

Article III, the judicial article of the Constitution, does not even bother to mention a chief justice. Clearly, the Framers intended there to be one, but we can derive that intention only by inference from the text of the Constitution itself—from the explicit requirement in Article I for the chief justice to preside over the Senate trial in any impeachment of a president. Chief Justice William H. Rehnquist, asked later to describe his role in the 1999 impeachment trial of President Bill Clinton, replied with a smile: "I did nothing in particular, and I did it very well."

No matter what the Framers envisioned, no one would maintain today that the chief justice does nothing in particular. The office has grown enormously over the intervening centuries, both by statute and custom. A 2006 study compiled a list of eighty-one separate provisions by which Congress has conferred on the chief justice a specific duty or power. These range from directing the purchase of law books by the Library of Congress to appointing the eleven judges of the special court that authorizes the government to conduct foreign intelligence searches and wiretaps. The chief justice is, by law, a trustee of the National Gallery of Art and the Smithsonian Institution; presides over the Judicial Conference of the United States, which sets policy for the federal judiciary; and certifies the disability and eligibility for early retirement of another justice should that occasion arise.

The single most important power the chief justices exercise may still be to cast one of the nine votes that determine the outcome of a Supreme Court case. To the sixth chief justice, Salmon P. Chase, that was the only function that really mattered. "The extent of the power of the Chief Justice is vastly misconceived," Chase wrote in a letter in 1868. "In the Supreme Court he is but one of eight judges, each of whom has the same powers as himself. His judgment has no more weight, and his vote no more importance, than those of any of his brethren. He presides, and a good deal of extra labor is thrown upon him. That's all."

Even if the chief justice is simply first among equals on the bench, a 21st century perspective on the job requires a broader appreciation of its power. It is more accurate to think of the chief justice today as a CEO, chief executive not only of the Supreme Court but of the entire judicial branch. The typical career path to the federal bench offers little preparation for such a multifaceted role. The best-prepared chief justice of the past century was undoubtedly William Howard Taft, the tenth chief justice, who had also been the twenty-seventh president. Taft, who served from 1921 to 1930, was, not surprisingly, one of the most effective chief justices.

Prior service on the Court is also useful preparation, although uncommon. Of the seventeen men who have served as chief justice, only four previously served as associate justices. Three—Rehnquist, Edward Douglass White, and Harlan Fiske Stone—received their promotions while they were sitting on the Court. (John Rutledge, George Washington's failed chief justice nominee, is not counted on this list because he never took the seat to which he had been confirmed as an associate justice.) The fourth former associate justice, Charles Evans Hughes, had resigned from the Court in order to run for president in 1916. Fourteen years later, on the death of Chief Justice Taft, President Herbert Hoover chose Hughes as the next chief justice.

5. Chief Justice William Howard Taft, pictured at the start of his tenure in 1921. He is the only person to have served both as president and as a member of the Supreme Court.

Even if previously confirmed to the Court, a nominee for chief justice must receive a separate Senate confirmation and a new commission. As a matter of confirmation politics, that requirement perhaps serves as a disincentive for a president to elevate a sitting justice. As happened when President Reagan selected William Rehnquist for elevation in 1986, the confirmation process can easily turn into a referendum on the nominee's Supreme Court career so far, as well as on the direction of the Court as a whole.

The title we use today, Chief Justice of the United States, is obscure in origin. Neither the first Judiciary Act, nor the Constitution itself, says anything more elaborate than "chief justice." The unwieldy "Chief Justice of the Supreme Court of the United States" later came into use. In the 1860s, Congress began using the current title, which appeared on Melville W. Fuller's commission as chief justice in 1888.

Tradition, rather than statute, dictates much of how the chief justice operates in the job's purely judicial capacity. He runs "the Conference," the Court's word for the justices as a collective. When he has voted in the majority on a case, he exercises the prerogative of assigning either himself or one of the other justices in the majority to write the opinion. When the chief justice is in dissent, the senior justice in the majority makes the assignment.

The Court's practice is for the justices to write an approximately equal number of majority opinions over the course of the term. But the assignment function involves considerably more thought and strategy than simply going down a checklist. Just because five justices make up a majority to reverse or affirm a lower court decision does not mean that all five see the issues the same way or feel equally committed to the outcome or the rationale. So in a close case in which the majority's hold may be tenuous, it is rather common for the justice who is making the assignment—whether the chief justice or an associate—to give the writing assignment to the colleague whose commitment to the majority view appears the least firm. The expectation then is that the act of articulating the majority's reasons will persuade the wavering justice and forestall that most undesired outcome—defection by a justice who becomes persuaded that the dissent has the better of the argument.

That happens occasionally nonetheless. For example, the Court was closely divided during its 1991 term on the question of whether a prayer by a member of the clergy during a public high school's graduation exercise violated the constitutional separation of church and state. A federal appeals court had ruled that it did, and the Supreme Court agreed to hear the school district's appeal. After the argument, the justices voted 5 to 4 in *Lynch v. Donnelly* (1992) to reverse the lower court's decision and declare the clergy-led prayer constitutional. Chief Justice Rehnquist assigned the majority opinion to Justice Anthony M. Kennedy. While working on his opinion over the course of several months, Kennedy concluded that he was on the wrong side of the case—a conclusion that meant that the case would now come out the other way. Kennedy informed both the chief justice and Justice Harry A. Blackmun, who had been the senior associate justice on the dissenting side. "After writing to reverse in the high school graduation prayer case, my draft looked quite wrong," Kennedy informed Blackmun by letter, adding that he had rewritten his draft opinion to uphold the lower court's finding of unconstitutionality. The case was now Blackmun's to assign, and he told Kennedy to keep the assignment. Kennedy kept working, making some modifications to satisfy Blackmun and the other former dissenters. Several months later, in June 1992, the Court issued its 5-to-4 decision invalidating clergy-led prayer at public school graduation ceremonies. This behind-the-scenes drama remained unknown outside the Court for the next twelve years, until Justice Blackmun's papers were opened to the public at the Library of Congress.

Control over the opinion assignments is an important source of power for the chief justice. Opinions can be written narrowly or broadly to reach the same result. A chief justice who wants to drive a doctrine in a certain direction, or keep an idea from gaining altitude, and who understands his colleague's styles and preferences can use the power to good effect. Still, at the end of the day, the chief justice, like the others, has only one vote.

Beyond managing the Court's judicial business, with the assistance of four law clerks, the chief justice is also in charge of a building where more than four hundred employees work. The Court has its own separate police force. It has a staff to manage a complex paper flow. Roughly 150 new appeals arrive every week, along with a steady flow of briefs in cases scheduled for argument. Each must be checked to ensure compliance with all the rules. Was the brief filed on time and within the word limit? Is its cover the right color? (The type of filing dictates the color of the cover, so that it can be seen at a glance whether the brief is a petition in a new case [white], a brief on the merits for the side defending the lower court's judgment [red], or a brief from a "friend of the court" [dark or light green, depending on which side the "friend" is supporting].) Sets of the filings for the week are placed on nine rolling carts for distribution to the justices' chambers. The Clerk of the Court (a senior official, not to be confused with a law clerk) supervises this process, while the Marshal is in charge of security. The chief justice also has an administrative assistant who takes on significant duties both inside the building and outside, serving as the chief's liaison with agencies within the judicial branch.

One of these agencies is the Administrative Office of the United States Courts. As its name implies, the "A.O." is the federal judiciary's bureaucratic nerve center. The chief justice chooses the Administrative Office's director, who remains answerable to him. The federal court system, with 1,200 life-tenured judges, 850 other judges, 30,000 employees, and a budget of close to $6 billion, is itself a complex bureaucracy, and it is under the chief justice's ultimate supervision.

The chief justice also presides over the Judicial Conference of the United States, composed of the chief judges of each of the thirteen federal circuits plus an experienced district judge from each circuit, and the chief judge of the federal Court of International Trade. The Judicial Conference, which meets at the Supreme Court twice yearly, is a direct descendant of the Conference of Senior Circuit Judges, which Chief Justice Taft persuaded Congress to authorize. Its original purpose was to advise the chief justice "as to any matters in respect of which the administration of justice in the courts of the United States may be improved."

The Judicial Conference's mission today is a good deal broader. Much of its work is done in committees that propose the rules that govern important aspects of federal court jurisdiction and procedure. The twenty-two Judicial Conference committees have some 250 members, lawyers and judges who consider it an honor to be asked by the chief justice to serve. The conference itself communicates often with Congress on such matters as the need for additional judgeships or an increase in judicial pay. It comments as well on pending legislation that has a potential impact on the judiciary. In this capacity, both the Judicial Conference and the chief justice function as something close to lobbyists, seeking to achieve or prevent specific policy outcomes.

For example, in 1991 the conference opposed legislation that was then pending to permit victims of gender-motivated violence to go to federal court and sue their attackers for damages. The chief justice himself, in his 1991 year-end report, criticized the bill for creating a "new private right of action so sweeping, that the legislation would involve the federal courts in a whole host of domestic relations disputes." Three years later, in somewhat modified form, the bill was enacted as the Violence Against Women Act. In 2000 the chief justice wrote a majority opinion for the Court invalidating the law's new damages remedy on the ground that Congress lacked the constitutional authority to enact it.

The annual report "on the Federal Judiciary" was an innovation of Chief Justice Warren E. Burger. He began giving the reports in 1970, his first full year on the bench, and often delivered them in the form of a speech to the January meeting of the American Bar Association. The timing coincided roughly with the president's State of the Union speech. Burger's successor, William Rehnquist, dropped the personal appearance, instead issuing a written report every New Year's Eve, a tradition that Chief Justice John Roberts has continued.

Although most functions of the chief justice's office are unseen by the public, the relatively recent tradition of the annual report serves to underscore the symbolic role the chief justice plays as the public embodiment of the third branch. It is the chief justice who hosts visiting judges of other constitutional courts. It is the chief justice who stands at the center of the quadrennial inaugural ceremony, administering the oath of office to the president. In January 2005, Chief Justice Rehnquist, who was critically ill with thyroid cancer and had not appeared in public for three months, left his sickbed briefly to perform this function at President George W. Bush's inauguration for his second term. It was Rehnquist's last public appearance outside the Court; he died six months later, at the age of eighty, in his thirty-third year as a justice.

Although it is customary to refer to a given period in Supreme Court history by the name of the then-incumbent chief justice, not all seventeen chief justices have left an equal mark on public consciousness. The Vinson Court (Chief Justice Fred M. Vinson, 1946–53) did not make much of an impression, while the Warren Court that immediately succeeded it (1953–69) decidedly did. Even though Justice William J. Brennan Jr. was the engineer of a number of Warren Court landmarks, Chief Justice Warren's name is firmly attached to the era during which a liberal majority of the Supreme Court harnessed the Constitution as an instrument of social change.

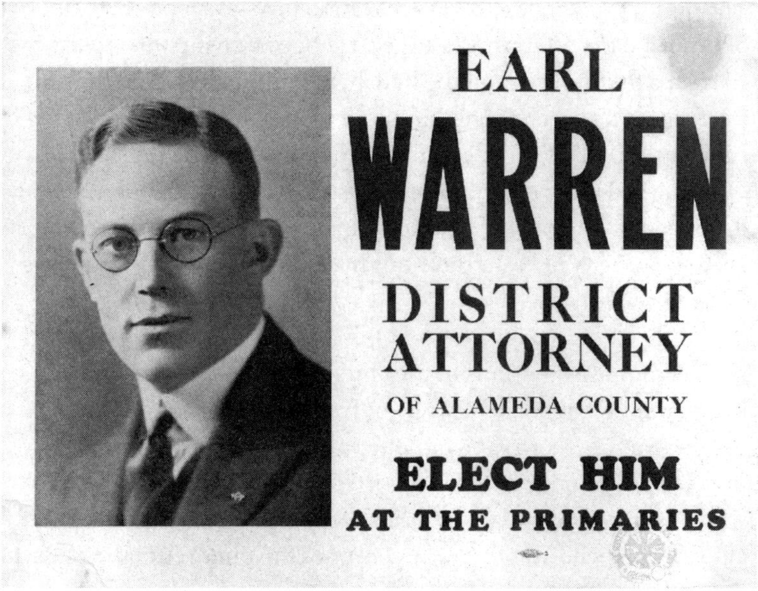

6. Earl Warren was an active politician, and never a judge, before becoming Chief Justice in 1953. This poster is from early in his successful career in elective office in California. He later served three terms as the state's governor.

"Besides the functions themselves, the incumbent's influence depends on the use he makes of them and the manner in which they are discharged," one scholar of the Court observed a generation ago. "Beyond all this is the human factor, the intangibles, the personality—the moral energy the man at the center releases."

The legacy of a former president, William Howard Taft, is the most indelible of any chief justice in modern times, because it consists not simply of cases but of marble (the Supreme Court Building itself) and of the Court's authority to manage its own workload. In the Judiciary Act of 1925, which Taft championed as chief justice, Congress gave the Court wide discretion over its docket. (The law is often referred to as the Judges' Bill, reflecting the fact that the justices themselves had a large hand in drafting it.) No longer were the justices obliged to decide all properly presented appeals. The impact on the institution was transformative. In an article several months after the change took effect, Chief Justice Taft described the philosophy behind allowing the justices to choose which cases to decide. "The function of the Supreme Court is conceived to be, not the remedying of a particular litigant's wrong," Taft wrote, "but the consideration of cases whose decision involves principles, the application of which are of wide public or governmental interest, and which should be authoritatively declared by the final court." He then listed examples of the types of cases with which the Court should concern itself: "issues of the federal constitutional validity of statutes, federal and state, genuine issues of constitutional right of individuals, the interpretation of federal statutes when it will affect large classes of people, questions of federal jurisdiction, and sometimes doubtful questions of general law of such wide application that the Supreme Court may help to remove the doubt."

In other words, the Court would no longer serve as the passive recipient of whatever legal dispute a disappointed litigant chose to bring through the door. It would no longer be simply the judicial system's top appeals court. The justices would decide which cases--which issues—were important enough to warrant their attention, and thus the attention of the country. The new Judiciary Act contained this notice to those who would approach the Supreme Court seeking a "writ of certiorari," the technical term for an order accepting a case for decision: "A review on writ of certiorari is not a matter of right, but of sound judicial discretion, and will be granted only where there are special and important reasons therefore." The Supreme Court would now be master of its own fate, but more than that. It was now in a position to set the country's legal agenda.

Chapter 5
The Court at work (2)

In addition to giving the Court authority to control its own docket, Chief Justice Taft also left a legacy in marble: the building into which the justices moved in 1935, five years after Taft's death and 145 years after the Supreme Court had first convened. Acquiring a home of its own would have both symbolic and practical importance for the Court, signifying its role at the head of a coequal branch of government, and finally providing chambers for the justices, who until then had worked from home.

Until his death, Chief Justice Taft was actively involved in the project as chairman of the congressionally-authorized Supreme Court Building Commission. He proposed the site, across the street from the Capitol's east front and next to the Library of Congress. He chose the architect, Cass Gilbert Sr., a noted architect who had designed many important public buildings, including both the United States Custom House and the federal courthouse in New York City. Gilbert's sixty-six-story Woolworth Building, also in New York, remained the tallest building in the world for nearly twenty years after its completion in 1913.

The chief justice told Gilbert to design "a building of dignity and importance," and the architect followed his instructions. The building is a Greek temple in classic Corinthian style, with sixteen marble columns at the main west entrance. The pediment contains

7. The laying of the cornerstone of the Supreme Court Building, October 13, 1932. Chief Justice Charles Evans Hughes presided. Chief Justice Taft, who was responsible for the building, and Cass Gilbert Sr., who designed it, had both died.

a sculpture group representing "Liberty Enthroned, guarded by Order and Authority." Until 2010, visitors to the Court climbed the stairs from the front plaza and entered the building under the words "Equal Justice Under Law," carved on the architrave. Over the objection of some of his colleagues, who regarded the measure as unnecessary and its symbolism unfortunate, Chief Justice Roberts ordered the front entrance closed for security reasons. Visitors now enter through a newly constructed screening area under the stairs.

The courtroom itself, at the end of a main-floor corridor known as the Great Hall, is an imposing yet unexpectedly intimate space, measuring eighty-two by ninety-one feet. The lectern where a lawyer stands when arguing a case is surprisingly close to the

8. Taken from above, this unusual view of the Supreme Court chamber shows the slightly curved bench. The seats in front of the bronze railings are reserved for members of the Supreme Court bar.

justices on their raised bench. Lawyers who have attained a certain comfort level at the Court sometimes say that when an argument is flowing well, it can almost seem as if they and the justices are engaged in conversation. In addition to seats reserved for members of the Supreme Court bar, the courtroom has seats for three hundred members of the public, who can attend arguments on a first-come, first-served basis. The Court maintains two public lines, one for tourists who simply want to observe the Court in action for a few minutes, and one for those who want to attend an entire hour-long argument.

The Court's public argument sessions represent only the tip of the iceberg of the process of deciding cases. The justices sit to hear cases only for approximately forty days a year. They sit in two-week blocs (Monday, Tuesday, and Wednesday, usually only in the morning) in each month from October through April. Unless the Court directs otherwise, an argument lasts for one hour, thirty minutes to a side. On this schedule, the justices can hear about eighty cases during a term.

Experienced lawyers know to expect many interruptions. It is not unusual for the justices to ask dozens of questions during an argument. The Court's rule regarding argument informs lawyers: "Oral argument should emphasize and clarify the written arguments in the briefs on the merits. Counsel should assume that all Justices have read the briefs before oral argument. Oral argument read from a prepared text is not favored." Successful Supreme Court advocates are not only fast on their feet; they have thought deeply about the place their case occupies in the broader legal universe, and they understand that what the justices want from the argument is assurance about the larger consequences of ruling for one side or the other. What are the likely implications for the next case, and the case after that? The justices see themselves as engaged in an exercise much more consequential than resolving a dispute between two warring parties. To test the implications of a lawyer's argument, justices will often vary the actual facts in order to pose intricate hypothetical questions—to which "Your Honor, that is not my case" is not an acceptable answer.

Many of the lawyers who argue before the Court are familiar to the justices as repeat players, appearing several times each term, year in and year out. Prominent among this group are the members of the Office of the Solicitor General, a unit in the Justice Department that represents the federal government in the Supreme Court. The solicitor general, required by statute to be "learned in the law," is nominated by the president and confirmed by the Senate. Aside from the solicitor general's principal deputy, the other two dozen lawyers in the office are civil servants who often remain on the job through several presidential administrations. Many are former Supreme Court law clerks who, when they do leave the office, may go on to join established Supreme Court practices or to develop one of their own. One alumnus of the solicitor general's office who followed this path with notable success is Chief Justice Roberts.

MONDAY, DECEMBER 11, 2000

CASE FOR ARGUMENT TODAY

MR. THEODORE B. OLSON Washington, D. C. **(35 minutes - for petitioners)**	**No. 00-949.** (1) **GEORGE W. BUSH AND RICHARD CHENEY,** Petitioners	
MR. JOSEPH P. KLOCK, JR. Miami, Fla. **(10 minutes – for respondents Katherine Harris, et al., in support of petitioners)**	v.	1 and ½ hours for argument.
MR. DAVID BOIES Armonk, N. Y. **(45 minutes – for respondents)**	**ALBERT GORE, JR., ET AL.**	

9. This is a "day call," the calendar for the day's arguments. Here, the argument was *Bush v. Gore,* the case that was to determine the outcome of the 2000 presidential election. The two presidential contenders were each represented by experienced Supreme Court advocates, Theodore B. Olson for Governor Bush and David Boies for Vice President Gore. Joseph P. Klock Jr., arguing on behalf of Florida's secretary of state, Katherine Harris, was making his first Supreme Court argument. The justices allotted an extra thirty minutes beyond the usual one hour.

While argument sessions present the Court's public face, the Court's substantial work takes place for the most part behind the scenes. It begins with the case-selection process. In recent terms, the Court has received about eight thousand petitions for review. These are called petitions for a writ of certiorari, a Latin word meaning to be informed of or made certain of. More casually and commonly, requests for Supreme Court review are referred to as cert petitions. The Court's rules require a petition to follow a particular format. First come the "questions presented for review," which "should be short and should not be argumentative or repetitive." The entire presentation must be succinct, at no more than nine thousand words, not counting an appendix that contains the lower courts' opinions. Unless the Court grants an extension, the petition must be filed within ninety days of the judgment that is being appealed.

The Court's disposition of these requests is a matter of complete discretion. (A small subset of cases reaches the Court not as cert petitions but as "jurisdictional statements." As a technical matter, these require the justices to take some action: either dismiss the appeal; decide the case summarily, without opinion; or "note jurisdiction" and hear the case, proceeding as they would with any other case. The jurisdictional fine points are beyond the scope of this book. Suffice it to say that this once important category of "mandatory appeals" is now limited almost entirely to cases arising under the Voting Rights Act. In the mid-1980s, Congress yielded to the justices' request to eliminate most of the other mandatory categories, leaving the Court with even more discretion.)

Rule 10 of the Court's rules informs petitioners that "review on a writ of certiorari is not a matter of right, but of judicial discretion" and that a petition "will be granted only for compelling reasons." The rule then provides examples of "the character of the reasons the Court considers." The examples center around the existence of a conflict among the lower federal courts or the state courts on "an important federal question." A provision of the Internal Revenue Code or any other federal statute ought to mean the same thing in the First Circuit, which sits in Boston, as in the Seventh Circuit, which sits in Chicago. By the same token, a clause of the United States Constitution ought not to be interpreted differently by the Supreme Court of California and by New York's highest court, its Court of Appeals. (State courts, of course, are free to interpret their own state's constitutions to give more protection—but not less—to individual rights than the U.S. Constitution provides.) Lawyers striving to persuade the Supreme Court to take a case try hard to demonstrate that a conflict of the sort discussed in Rule 10 actually exists. Even so, whether the question of law is sufficiently "important" to warrant the Court's attention is completely up to the justices.

By a customary "rule of four," it takes the votes of four justices to accept a case for argument and decision—to "grant cert." Since four is, of course, one short of a majority, this necessarily evokes strategic behavior in close cases about which justices feel particularly strongly. Suppose four justices are persuaded that a petition should be granted because they believe the lower court's decision was seriously mistaken. If they are uncertain about the eventual availability of a fifth vote, they might pass up the opportunity to grant the case, rather than have it decided in a way that creates the "wrong" rule for the entire country. Political scientists call this a "defensive denial." More often, however, justices may view the eventual outcome as less important than the need to resolve a conflict among the lower courts, particularly in cases of statutory interpretation. If Congress disagrees with the Supreme Court's decision in a statutory case, it remains free to overturn the decision by amending the statute.

Sifting through thousands of petitions a year in order to select the dozens that will be granted is a daunting task for a nine-member court. In the mid-1970s, with the number of petitions growing rapidly, the justices found a way to lighten the load by organizing their energetic young law clerks into a "cert pool." Under this arrangement, each petition is reviewed by a single law clerk on behalf all the justices who subscribe to the pool. This clerk writes a memo that summarizes the lower court decision and the arguments for and against review, concluding with a recommendation. The recommendation is only that. Most justices in the pool (all but one or two in recent years) assign one of their own four law clerks to review the pool recommendations from the individual justice's own perspective. Even so, the cert pool has come in for criticism. Critics maintain that the system not only increases the likelihood of missing important cases, but that it tends to exacerbate a built-in bias toward denying cases. Under this theory, law clerks are afraid to embarrass themselves with a recommendation to grant, either because the justices might reject the recommendation or, even worse, might accept the case only to find that a procedural flaw requires a belated dismissal. Defenders of the system maintain that these concerns are exaggerated. They say that any issue of real importance is bound to reach the Court multiple times, and will be noticed eventually.

A more subtle critique—actually, more of an observation—of the quality of the Court's agenda-setting process comes from scholars who point out that the cases the Court adds to its docket tend either not to reflect the issues that the public perceives as the most important, or to represent such an atypical slice of a big issue as to offer little help in resolving more typical cases. In 2007, for example, the Court decided its first case in a decade about the free-speech rights of public school students, an issue of substantial concern in communities across the country. But the Court chose an idiosyncratic case, *Morse v. Frederick,* concerning the punishment of a student who displayed an ambiguously worded banner that might or might not have expressed a favorable view on illegal drug use. The eventual decision provided little guidance to school districts dealing with much more common disputes over student speech about politics, school policy, or sexual orientation. As one leading Supreme Court scholar, Sanford Levinson, has noted, Supreme Court cases necessarily deal only with the "litigated Constitution," those provisions that are open to interpretation and become fodder for lawyers and judges. At the same time, the "hard-wired Constitution," structural elements of great significance like the over-representation of small states in the United States Senate, remain beyond the reach of any court. "The fixation on the litigated Constitution," Levinson writes, leads people to "overestimate the importance of courts and judges, for good and for ill."

A denial of review neither sets a precedent nor indicates that the Court agrees with the lower court's judgment, points that are often misunderstood. There are many reasons that a petition might end up as "cert denied." These include not only the occasional defensive denial but, more often, the absence of a real conflict or even a real legal issue (many petitions attempt to reargue the facts of a case) or the justices' conclusion that a case with an interesting issue is nonetheless a "poor vehicle" due to any of a number of procedural problems.

All cert petitions are presumed to be denied unless the justices take further action. The first step is to move a petition from what is known informally as the "dead list" and to place it on the "discuss list" for consideration at the justices' weekly conference. The chief justice is in charge of the discuss list and runs the conference, at which the justices speak and eventually vote in order of seniority. (The same procedure applies to the discussion and vote on cases that were argued during the week.) The conference usually takes place on Friday (Thursday in May and June), with the "orders"—the list of cases granted and denied—being issued the following Monday. The Court typically provides no explanation for either a grant or a denial. But occasionally, the order list will include an opinion by one or more justices dissenting from a denial of certiorari and explaining why the case should have been accepted.

By statute, a Supreme Court term begins on the first Monday of every October. But the justices' active labor actually begins the week before, on the last Monday of September, when they meet in conference to consider the cert petitions that have accumulated over the summer months of recess. There is no statutory date for the term to end. The justices aim for the last week in June and nearly always achieve that goal. Barring an emergency, no arguments are held after the end of April, so the justices spend May and June working on opinions in any cases from the term's seven argument sittings that remain undecided. (To keep this system running, new cases that are granted after January are not scheduled for argument until the following fall, after the next term begins.) Unlike many other courts that fall behind by carrying cases over from one term to the next, the Supreme Court remains rigorously current. Any cases the justices don't decide by the end of the term must be set for a complete new argument in the following term. This discipline-imposing rule has the effect of influencing the justices to work particularly hard in June to finish all the term's work. This in turn gives rise to the unflattering phrase, "June opinion," to describe a hastily crafted opinion that still has a few seams showing.

June often sees such a high proportion of a term's most important decisions that many people assume that the justices somehow arrange to save the best for last. This is far from the truth. The Court usually begins to issue opinions in November and proceeds to hand down opinions throughout the term. But naturally, the least controversial cases, those that produce unanimous or near-unanimous decisions, get decided first. Complicated cases or those that, for one reason or another, produce numerous concurring and dissenting opinions take longer, perhaps much longer, and only the pressure of an impending July 4 weekend may spur the justices to make the last-minute compromises necessary to bring a decision out by the end of June.

Opinions are announced in open court immediately before the start of the day's arguments. The justice who has written the majority opinion delivers a brief summary. A dissenting justice who feels particularly strongly might follow with a summary of the dissent. The statements that justices make from the bench are not part of the official opinion, but the few points that a justice might choose to emphasize from a long opinion can be illuminating for those present. The courtroom announcements are the first official word that a case has been decided; unlike many other courts, the Supreme Court gives no advance notice that a case will be decided on a particular day. Once announced, the opinions appear within minutes on the Court's website (*www.supremecourt.gov*). The Court also posts transcripts of the arguments on a daily basis. Each Friday, the website makes available the audio of the arguments the justices heard during the week.

In recent years, the Internet has brought the Court much closer to the public than seemed possible even a few years earlier. Among other resources available on the website are the briefs filed in granted cases (these are posted through a cooperative arrangement between the Court and the American Bar Association) as well as a complete procedural history of each cert petition, whether granted or denied. With a few mouse clicks, people can now acquire information about the Court's docket and operations that once required a trip to the clerk's office.

The ground floor of the Supreme Court Building includes a press room. The Court makes copies of petitions and briefs available to the press, and seats are set aside for reporters at all arguments. Television journalists are part of the Supreme Court press corps, but the Court does not permit television or other cameras in the courtroom. Justice David H. Souter once declared that television cameras would roll into the courtroom over his dead body. While few justices might express their objections that graphically, there were none on that occasion, or since, who leapt to television's defense.

Chapter 6
The Court and the other branches

To the extent that it conveys the image of the three branches of the federal government, each operating in its own sphere, the phrase "separation of powers" is misleading. A more accurate image is one of dynamic interaction, in which the Supreme Court is an active participant. Even when relations among the president, Congress, and the Court appear peaceful, there is often tension beneath the surface, reflecting not dysfunction so much as distinct institutional limits, perceptions, and responses to events. When relations deteriorate, as they have periodically, what starts as disequilibrium can take the form of a power struggle. Not only the Court but the judiciary as a whole is a player in interbranch relations, with significant tools at its disposal. Its challenge, its "abiding dilemma," in the words of Stephen B. Burbank, a leading scholar of the judiciary, is "participating in a political system without becoming the victim of politics."

As Burbank points out, relations between the branches are governed as much by norms and customs as by formal structures. The Constitution permits Congress to impeach and remove federal judges, for example, but the norm is that impeachment is reserved for criminal behavior or serious ethical lapses, and not for judicial rulings with which members of Congress disagree.

10. On January 14, 2009, six days before their inauguration, President-elect Obama and Vice President-elect Biden visit the justices in their private conference room. From *left* to *right*: the president-elect; Chief Justice John G. Roberts Jr., Justice John Paul Stevens; Justice Ruth Bader Ginsburg; Biden; Justice David H. Souter; Justice Anthony M. Kennedy; Justice Antonin Scalia; Justice Stephen G. Breyer. Absent are Justices Clarence Thomas and Samuel A. Alito Jr.

Cases that have placed the justices at odds with Congress or the White House provide a prism through which to examine the Court's relationship to the other branches. There is inherent drama to a major Supreme Court case in which the powerful institutional actors include the Court itself. Some will emerge as winners and some as losers. But it is important to recognize that outside the courtroom, in less dramatic ways, the Court continually interacts with the other branches. The Court submits its annual budget request to Congress, and the justices take turns going before the relevant congressional subcommittees to testify about the Court's fiscal needs. Congress determines the salaries of the justices and all federal judges. When John Roberts became chief justice, he made it a priority to persuade the president and Congress of the need for a long-deferred pay raise for federal judges, a plea that fell on deaf ears.

The attorney general, along with the chairmen and ranking members of the Senate and House Judiciary Committees, travel to the Court twice yearly to meet with the chief justice and members of the Judicial Conference. The agenda for these private sessions includes pending legislation and broader questions of policy. The Court in turn is invited every January to hear the president deliver the State of the Union message to a joint session of Congress. The appearance of at least some justices, if not the entire Court, at this event was once routine. But in January 2010, President Obama used the occasion to criticize the Court for a decision issued a week earlier that gave corporations an expanded right under the First Amendment to spend money on political campaigns. As the television cameras swung to the justices, Justice Alito was seen mouthing the words "not true" in response to the president's characterization of the decision, *Citizens United v. Federal Election Commission* (2010). Chief Justice Roberts later wondered aloud whether justices should continue to attend, saying that he had found the scene "very troubling," more like a "pep rally" than a state occasion. As the date for the 2011 State of the Union message approached, there was widespread speculation: would the justices come or would they stay away? Justice Alito chose to spend the day in Hawaii. But Chief Justice Roberts and five other members of the Court did attend, and the president greeted them as he walked past their seats to the podium.

While the State of the Union episode might be described as interbranch tension as melodrama, more serious concerns are presented by repeated efforts in Congress to strip the federal courts in general or the Supreme Court in particular of jurisdiction to decide specific kinds of cases. Southerners and other conservatives in Congress responded to the decisions of the Warren Court by introducing bills to strip the Court of jurisdiction over school desegregation, state legislative apportionment, and anti-Communist loyalty and security matters. Other targets of congressional anger and proposed jurisdiction-stripping have included cases concerning prayer and recitation of the Pledge of

Allegiance in public schools, as well as public display of the Ten Commandments. In recent years, criminal sentencing has been a source of tension between Congress and the federal judiciary. Senior Republican members of Congress have accused federal judges of undue leniency in sentencing. In 2003 Congress enacted a law requiring federal courts to provide Congress with reports on sentences that fell below the range set by federal sentencing guidelines. Chief Justice Rehnquist denounced the measure, known as the Feeney Amendment, as "an unwarranted and ill-considered effort to intimidate individual judges in the performance of their judicial duties."

The Court's exercise of judicial review is an ever-present and renewable source of interbranch tension. While the court-stripping efforts were responses to the Supreme Court's constitutional rulings, Congress pushes back regularly and more productively against the Court's statutory decisions. In the early 1990s, Congress responded sharply to the Court's rightward turn in a series of civil rights cases decided several years earlier. Legislation enacted in 1990 and 1991 overturned more than a dozen Supreme Court decisions.

The first bill that President Obama signed into law after taking office in January 2009 was the Lilly Ledbetter Fair Pay Act, enacted to overturn a 2007 Supreme Court ruling in an employment discrimination case. The Lilly Ledbetter episode is a useful example of the way in which a Supreme Court decision can propel an issue onto the country's political agenda as well as its legal one. Lilly Ledbetter was a supervisor in a tire factory, the only woman to hold that position. She learned only after she retired that for years she had been paid less than any of the men. She brought suit under Title VII of the Civil Rights Act of 1964, which bars discrimination in the workplace on the basis of race and sex. The statute requires a lawsuit to be filed within 180 days of a "discriminatory act." Although the employer's discrimination against Ledbetter had begun years earlier, her lawyers argued that she was entitled to pursue her lawsuit under an interpretation of the 180-day time limit asserted by the federal agency in charge of administering the statute. Under the agency's "paycheck accrual" rule, the clock started to run again each time the employer issued a paycheck that reflected the discriminatory treatment. Most of the federal circuits had endorsed the agency's interpretation, but the Atlanta-based Eleventh Circuit, which heard Ledbetter's case, rejected the agency's rule, overturning a $3 million jury verdict in her favor and dismissing the lawsuit.

In a 5 to 4 decision, *Ledbetter v. Goodyear Tire & Rubber Co.* (2007), the Supreme Court agreed. The majority relied on earlier Supreme Court decisions that had applied Title VII's 180-day limit to other discriminatory actions in the workplace, including termination, failure to promote, and failure to hire. The same rule should apply in the "slightly different context" of unequal pay, Justice Alito wrote for the majority. For the dissenters, Justice Ginsburg objected that the context was in fact crucially different. She said that while termination and failure to hire or promote are public acts, easily ascertained, employees of most private companies have no way of knowing what their fellow workers are being paid. Because Ledbetter received periodic raises along with the other employees, Justice Ginsburg observed, she had no reason to suspect that by the end of her career, her pay was as much as 40 percent less than that of her male co-workers.

Justice Ginsburg took the unusual step of announcing her dissent from the bench. Her action raised the decision's visibility, converting what might otherwise have been seen as a technical ruling about a rather obscure provision of employment law into a new front in an ideologically infused battle over civil rights and the future of the Supreme Court. Justice Alito, at the time the newest justice, appointed by President George W. Bush, had been on the bench for less than eighteen months. The justice he succeeded, Sandra Day O'Connor, would most likely have voted the other way, and the outcome would have been different. Democrats in

Congress began an immediate effort to overturn the decision by amending Title VII. Republicans in the Senate blocked the amendment's passage in the spring of 2008. Lilly Ledbetter, an accidental heroine if there ever was one, became a powerful symbol of all that progressives feared from the newly consolidated Roberts Court and from the prospect of a Republican victory in the 2008 election. In the summer of 2008, Ledbetter addressed the Democratic National Convention, winning pledges of a renewed effort in Congress. The momentum carried the bill through Congress and onto the new president's desk.

During the term that followed the uproar over its Ledbetter decision, with the issue of employment discrimination suddenly prominent, the Supreme Court appeared newly solicitous of workers with job discrimination complaints. A majority ruled in employees' favor in several cases.

The Ledbetter episode came and went quickly. It is entirely predictable that other discrete disputes over the intent of Congress and the meaning of federal statutes will similarly come and go in the future. But there exists a more profound constitutionally-based struggle between the Court and Congress over the boundaries of congressional lawmaking authority, with origins deep in the country's history. While it flares up and then recedes periodically, this struggle has no apparent end. Perhaps it is hardwired into the constitutional design.

Two periods sixty years apart provide bookends to an account of deep conflict between the political branches and the Supreme Court in the modern era. The first was the struggle over the New Deal. During President Franklin D. Roosevelt's first term, a conservative majority on the Supreme Court invalidated major portions of the new administration's economic recovery program. The Court held that a dozen acts of Congress, including the National Industrial Recovery Act and the Agricultural Adjustment Act, were beyond congressional authority either to regulate interstate commerce or to provide for the general welfare. The time had come, Roosevelt declared, "where we must take action to save the Constitution from the Court."

In early 1937, following his reelection, Roosevelt proposed the Judiciary Reorganization Bill, more familiarly known as his "court-packing plan." Under this proposal, the president could appoint a new justice for every justice over the age of seventy who had not retired—six new justices, given the age of the incumbents. The proposal sparked enormous controversy and failed when the Senate Judiciary Committee rejected it. Yet because the Court quickly began to uphold key New Deal provisions, including the Social Security Act and the highly pro-labor National Labor Relations Act, Roosevelt is regarded as having prevailed. Not for almost sixty years, a period that witnessed a dramatic expansion of the federal government's presence in American life, would the Supreme Court again invalidate an act of Congress on the ground that the legislation exceeded the congressional commerce power.

When the battle resumed in 1995, the Court's target was an obscure federal statute that barred possession of guns near school buildings. Since every state had a similar law, the fate of the federal law, the Gun-Free School Zones Act, was of little moment. Nonetheless, the decision invalidating the statute, *United States v. Lopez,* ushered in the Rehnquist Court's federalism revolution. Writing for the majority, Chief Justice Rehnquist said that to uphold the statute would be to blur the "distinction between what is truly national and what is truly local." This analysis implied an end to the long period during which the Court permitted Congress to decide for itself whether the distinction between national and local mattered for any particular piece of legislation. The vote was 5 to 4, with the dissenters quick to point out the implications. Justice Souter warned that "it seems fair to ask whether the step taken by the Court today does anything but portend a return to the untenable jurisprudence from which the Court extricated itself almost sixty years ago."

There followed, in quick succession, a series of closely divided decisions that constricted congressional authority not only under the Commerce Clause but also under the Fourteenth Amendment. Section 5 of the Fourteenth Amendment gives Congress "the power to enforce, by appropriate legislation, the provisions of this article"—namely, the guarantees of due process and equal protection provided by the amendment's Section 1. The question that came to the fore as the federalism revolution of the 1990s proceeded was the meaning of "enforce" and the breadth of Congress's Section 5 authority. Was Congress's power limited to enforcing only those interpretations of due process and equal protection that had been adopted by the Supreme Court? Or did Congress have substantive authority to legislate on the basis of its own constitutional views?

This issue was joined in a dispute over protection for the free exercise of religion that first divided the justices and then became the source of conflict between the Court and Congress. In a 1990 decision, the Court had withheld protection from individuals who claimed that their religious beliefs required an exemption from a generally applicable law. In that case, *Employment Division, Department of Human Resources of Oregon v. Smith*, the Court ruled that American Indians who used the hallucinogenic drug peyote in religious rituals were not constitutionally entitled to unemployment benefits when they were fired for violating their employer's rule against drug use.

Congress responded promptly by passing a statute, provocatively titled the Religious Freedom Restoration Act (RFRA). The new law provided that a statute that appeared neutral on its face could not be applied in a way that placed a burden on the practice of religion unless the government could show that the burden served a "compelling interest." A Roman Catholic parish in Boerne, Texas invoked RFRA, seeking to demolish an old church that was protected under a historic preservation code in order to build a new and bigger one. The church argued that RFRA entitled it to an exemption from the code. In response, the city argued the Religious Freedom Restoration Act was unconstitutional. The Section 5 enforcement power entitled Congress to enact legislation to remedy a violation of a constitutional right, the city argued, but not to legislate a more expansive definition of the right itself than the Supreme Court had provided.

In a 6 to 3 decision, *City of Boerne v. Flores* (1997), the Supreme Court agreed with the city. Congress's enforcement power was merely "remedial and preventive," the Court said, rejecting "any suggestion that Congress has a substantive, nonremedial power under the Fourteenth Amendment." The majority opinion, written by Justice Kennedy, struck a formal separationist tone. "When the Court has interpreted the Constitution, it has acted within the province of the Judicial Branch, which embraces the duty to say what the law is," Justice Kennedy wrote, invoking the familiar words of Chief Justice Marshall in *Marbury v. Madison*. He concluded: "Broad as the power of Congress is under the Enforcement Clause of the Fourteenth Amendment, RFRA contradicts vital principles necessary to maintain separation of powers and the federal balance."

The Rehnquist Court majority used similar interpretations of Section 5 and of the Commerce Clause to overturn other statutes, including the Violence Against Women Act, which permitted women who were victims of gender-motivated violence to sue their attackers in federal court (*United States v. Morrison*, 2000). The Court also ruled that states could not be bound, as employers, by the federal laws against employment discrimination, either on the basis of age (*Kimel v. Florida Board of Regents*, 2000) or on the basis of disability (*Board of Regents of the University of Alabama v. Garrett*, 2003).

Then in 2003, led by Chief Justice Rehnquist himself, the Court unexpectedly reversed course, turning back a similar constitutional challenge to the Family and Medical Leave Act.

The law required state employers, along with private employers, to give their employees time off to attend to family emergencies. States that failed to follow the law were not immune from suit, Chief Justice Rehnquist wrote for the majority. With this decision, *Nevada Department of Human Resources v. Hibbs*, the federalism revolution appeared to have run its course. But history teaches that the apparent hiatus in this particular aspect of the contest between the Court and Congress is only temporary. Whether "temporary" means years or decades is an open question.

The struggle between the Court and the president, dramatically present in cases growing out of the Bush administration's response to the terrorist attacks of September 11, 2001, has deep roots as well as current resonance. President Andrew Jackson's often-quoted response to a Supreme Court decision favoring the Cherokee Indians—"John Marshall has made his decision. Now let him enforce it"—is in fact probably apocryphal. But it has lingered in the public imagination because it so well captures what we suppose presidents have wished they could say to the Supreme Court. Richard Nixon, ordered to surrender the incriminating Watergate tapes (*United States v. Nixon*, 1974), and Bill Clinton, deprived of immunity from a civil lawsuit by a woman claiming sexual harassment (*Clinton v. Jones*, 1997) are among the chief executives who come to mind.

The Supreme Court's response to President Truman's intervention in a wartime labor dispute in 1952 remains, more than half a century later, the symbol of the Court's power to reject an urgent claim of presidential authority. Much more than a symbol, in fact: the Steel Seizure case, as *Youngstown Sheet & Tube Co. v. Sawyer* is commonly known, has been cited by the Court in recent years in resisting presidential claims of unilateral authority over detention policy at Guantanamo Bay.

Under Truman's order, the federal government took control of the nation's steel mills to forestall a steelworkers' strike that could have shut down the country's armament-making capacity in the midst of the Korean War. The industry went to Federal District Court to challenge the action. The case moved forward with a great sense of urgency, proceeding from the filing of the lawsuit to the final Supreme Court decision in less than two months. The Court, all the members of which had been appointed by Roosevelt and Truman, ruled against the president by a vote of 6 to 3. Justice Hugo L. Black's majority opinion rejected the president's claim that despite the absence of explicit statutory authority, his power to act was inherent in Article II of the Constitution. Justice Robert H. Jackson joined that opinion while also filing a separate concurring opinion. It is the Jackson opinion that is most often cited as defining the boundaries of presidential authority.

Justice Jackson divided the universe of possible presidential actions into three categories, which he described as "a somewhat over-simplified grouping of practical situations in which a president may doubt, or others may challenge, his powers." First, "When the president acts pursuant to an express or implied authorization of Congress, his authority is at its maximum, for it includes all that he possesses in his own right plus all that Congress can delegate." Second, Justice Jackson defined a "zone of twilight" in which "the president acts in absence of either a congressional grant or denial of authority." He then "can only rely upon his own independent powers," and whether that reliance is legitimate "is likely to depend on the imperatives of events and contemporary imponderables rather than on abstract theories of law." Finally, "When the president takes measures incompatible with the expressed or implied will of Congress, his power is at its lowest ebb." Jackson placed the steel seizure in the third category, finding that Congress had enacted three statutes that were inconsistent with the president's action. "The executive action we have here originates in the individual will of the president and represents an exercise of authority without law," he concluded.

Like President Truman, the second President Bush claimed that Article II itself gave him the authority to establish military commissions for the war-crimes trials of individuals held as enemy combatants at the United States naval station at Guantanamo Bay. And like the Court in the Steel Seizure case, the five justices in the majority in *Hamdan v. Rumsfeld* (2006) concluded that the claim of inherent authority was insufficient. In his majority opinion, Justice Stevens mentioned the Steel Seizure decision in a footnote. Justice Kennedy, in a concurring opinion joined by three other members of the majority, relied explicitly on Jackson's Steel Seizure framework. Rather than place the president's military commissions in Jackson's second category (congressional silence), Justice Kennedy found that the commissions as designed by the president came within Jackson's third category: presidential actions that were incompatible with explicit provisions of federal law.

The *Hamdan* case was neither the Court's first encounter with the Bush administration's detention policies, nor its last. Two years earlier, in *Rasul v. Bush* (2004), the Court rejected the administration's effort to place the detainees beyond the jurisdiction of federal judges. The Court ruled that the military base in Cuba was functionally part of the United States, and thus that as a matter of statutory interpretation, federal courts had jurisdiction under the habeas corpus statute to hear the cases in which hundreds of detainees were challenging the basis for their open-ended confinement. Eventually, with Congress and a frustrated president working together, Congress stripped the federal courts of jurisdiction to hear any habeas corpus petition filed by a Guantanamo detainee. In *Boumediene v. Bush,* decided in 2008 by a vote of 5 to 4, the justices declared this court-stripping provision to be unconstitutional.

This intense cycle of action and reaction, the ball passing rapidly back and forth between the Court and the political branches, then came to a pause as a new president took up residence in the White House. Cases reflecting domestic rather than foreign policy concerns began to fill the judicial pipeline. No one could suppose, however, that the pause in the age-old contest between the Supreme Court and the president was more than momentary.

Chapter 7
The Court and the public

Judges "do not stand aloof on these chill and distant heights," Benjamin N. Cardozo once said. "The great tides and currents which engulf the rest of men do not turn aside in their course and pass the judges by." Cardozo was a state court judge, not yet a Supreme Court justice, when he delivered those words in 1921, at the conclusion of a series of lectures on "the nature of the judicial process." His words ring true these many years later, while also hinting at a mystery. Given that judges, Supreme Court justices among them, live in the world, how do their perceptions shape their judging? More specifically, what is the relationship between the Supreme Court and the public?

Justices themselves have had something to say on this subject. "We all rely on public confidence and trust to give the courts' decisions their force," Justice O'Connor said in a lecture on "public trust as a dimension of equal justice." She explained: "We don't have standing armies to enforce opinions, we rely on the confidence of the public in the correctness of those decisions. That's why we have to be aware of public opinions and of attitudes toward our system of justice, and it is why we must try to keep and build that trust."

Chief Justice Rehnquist said it would be "remarkable indeed" if judges were not influenced by the broad currents of public opinion. "Judges, so long as they are relatively normal human beings, can no more escape being influenced by public opinion in the long run than can people working at other jobs," he said in a lecture on "constitutional law and public opinion." Further, he added, "if a judge on coming to the bench were to decide to seal himself off hermetically from all manifestations of public opinion, he would accomplish very little; he would not be influenced by current public opinion, but instead would be influenced by the state of public opinion at the time he came to the bench."

In their somewhat different formulations, these judicial colleagues with distinct approaches to judging were in agreement that a judge's awareness of public opinion is not only inevitable but desirable, even necessary. And these two justices put their observations into practice. Chief Justice Rehnquist was for years a vigorous critic of the Court's decision in *Miranda v. Arizona*, the 1966 ruling that requires the police, before interrogating a suspect in custody, to deliver the now-familiar warnings about the right to remain silent and the right to counsel. But when the Supreme Court had the opportunity to overturn *Miranda* in 2000, the chief justice led the Court in the opposite direction. Instead of overturning *Miranda*, his majority opinion in *Dickerson v. United States* declared unconstitutional an effort by Congress to overturn the decision legislatively. "*Miranda* has become embedded in routine police practice to the point where the warning has become part of our national culture," Rehnquist wrote.

Justice O'Connor had been a critic of affirmative action throughout more than twenty years on the Court when a case arrived challenging an effort by the University of Michigan Law School to increase the racial diversity of its student body by means of an admissions policy that took into account an applicant's race. O'Connor voted to uphold the plan and wrote the Court's majority opinion in the case, *Grutter v. Bollinger* (2003). She cited briefs filed on the law school's behalf by educational leaders, corporate executives, and military officers. "In order to cultivate a set of leaders with legitimacy in the eyes of the citizenry, it is necessary that the path to leadership be visibly open to talented and qualified individuals of every race and ethnicity," is how O'Connor summarized the core of the argument for the law school's position. She left little doubt that she had been persuaded not only by this argument but by the fact that it was put forward by those representing a broad segment of elite opinion.

It is not necessary to conclude that either of these justices experienced sudden epiphanies when confronted with cases that put their own frequently expressed principles to a concrete and highly visible test. The point is rather that each considered the case at hand not as an abstract legal proposition but as a dispute arising in a social and political as well as legal context. It is not necessary to agree with either outcome—indeed, Rehnquist dissented in the Michigan case and denounced the law school's admission plan as "a naked effort to achieve racial balancing"—in order to appreciate that the majority in both saw itself as navigating on a sea of public opinion.

Scholars regard the relationship between the Supreme Court and public opinion as elusive. Lee Epstein and Andrew D. Martin, two leaders in the empirical study of judicial behavior, titled an article: "Does Public Opinion Influence the Supreme Court? Possibly Yes (But We're Not Sure Why)." The article surveyed the political science literature on the question, much of it inconclusive and contradictory. At best, the authors conclude, there seems to be an association between the Court and public opinion, but not enough evidence to "make the leap from association to causality," that is, to prove that public opinion actually influences the Court.

But in any event, public opinion does not travel a one-way street. While the public may influence the Court, at least some of the time, the Court may also influence the public. One classic image, dating to early in the country's history, is of the justices as teachers, "the Supreme Court as republican schoolmaster," in the phrase of a well-known article that documents the role of the early justices as they rode circuit, summarizing the law in their charges to grand juries, and serving in this manner as "teachers to the citizenry." The author concludes that "whether the justice should teach the public is not and cannot be in question since teaching is inseparable from judging in a democratic regime."

As in the Lilly Ledbetter episode (*Ledbetter v. Goodyear Tire & Rubber Co., Inc.*, 2007), a Supreme Court decision can serve as a catalyst for public debate. Sometimes a grant of cert serves that function, well before a case has been decided or even argued. The Court's willingness in the mid-1990s to consider whether the Constitution protects a right to physician-assisted suicide brought that issue from the shadows and placed it under a public spotlight. Public conversation and debate continued even after the Court answered the constitutional question in the negative in *Washington v. Glucksberg* (1997), and polls have subsequently shown steadily rising support for the ability of terminally ill people to have a doctor's assistance in ending their lives. One study of public opinion on this issue concluded: "Court cases, in this realm as in others, place a human face on an otherwise quite abstract philosophical and legal controversy."

Defenders of the Supreme Court's exercise of judicial review must occasionally contend with the criticism that it is essentially undemocratic—"counter-majoritarian"—for unelected life-tenured judges to have the last word on the constitutionality of legislation enacted by the people's elected representatives. The force of this critique waxes and wanes to the extent that the Court appears out of alignment with public opinion. It is not hard to understand why misalignment would occur with some regularity. Shifts in electoral majorities in response to changes in the public mood can occur much faster than changes on the Supreme Court, where tenures last decades. The first of Franklin D. Roosevelt's nine Supreme Court appointees, Hugo L. Black, not only outlasted the Roosevelt administration but remained on the Court through the Truman, Eisenhower, Kennedy, and Johnson presidencies before retiring more than halfway through Richard Nixon's first term. Between mid-1994 and mid-2005, a period of considerable political turmoil, punctuated by the contested election of 2000, there were no Supreme Court vacancies at all. The justices whose behavior provoked the Roosevelt court-packing plan were criticized from the Left; the Warren Court from the Right; and the Roberts Court, to a somewhat more modulated degree, from the Left again.

And yet, over time, the Court and the public seem to maintain a certain equilibrium. Public opinion polls regularly reflect that "diffuse" approval for the Supreme Court—that is, approval of the institution in general, rather than of particular actions—is higher than for other institutions of government. Of course, that fact alone is not particularly revealing. Surveys also demonstrate repeatedly that the current state of civics education is poor, and that the general public knows very little about the Court. For example, only 55 percent of the respondents in a 2005 survey agreed that the Supreme Court can declare an act of Congress unconstitutional. (Only one-third could name the three branches of government.) So perhaps the public expression of trust in the Supreme Court reflects a leap of faith rather than actual knowledge; people want to believe in some governmental institution, and they are more likely to be able to identify what they don't like about the political branches. Or perhaps the expression of public support for the Court reflects what political scientists call the "legitimation hypothesis," the theory that once the Supreme Court rules on an issue, a measurable proportion of the public will come to the conclusion that "if they believe it, it must be right."

Or perhaps, reflecting the awareness of public opinion displayed by the justices quoted at the beginning of this chapter, the Court brings itself into alignment over time, avoiding decisions that will take it far out of the mainstream of public opinion. That would not be surprising. The political scientist Robert A. Dahl observed more than a half century ago that the Supreme Court "is an essential part of the political leadership," part of the "dominant political alliance." It was therefore understandable, Dahl said, "that the policy views dominant on the Court are never for long out of line with the policy views dominant among the lawmaking majorities of the United States."

Since the relationship between the Supreme Court and the political branches is dynamic rather than static, the Court's actions produce reactions that may in turn reflect back on the Court and, over time, move the Court in a different direction. So a presidential candidate may make the Court a target, as Richard Nixon did when he criticized the criminal procedure rulings of the Warren Court and pledged to appoint justices who would be "tough on crime." Nixon's four appointees, some of whom undoubtedly disappointed him in other respects, did over time stop the expansion of criminal defendants' rights, even if the major Warren Court rulings remained on the books.

Perhaps another way of making Robert Dahl's point would be to note that Supreme Court justices are members of the nation's elite, and they tend to share the elite's perceptions. That was almost certainly the case for the seven justices who in 1973 comprised the majority that declared a constitutional right to abortion, in *Roe v. Wade*. Four of the seven were appointees of Republican presidents and three of those—Chief Justice Warren E. Burger and Justices Lewis F. Powell Jr. and Harry A. Blackmun, the author of the majority opinion—were named to the Court by Richard Nixon. The *Roe v. Wade* majority responded to the fact that during the decade before the case reached the Court, leaders of the public health and legal professions had been calling for the decriminalization of abortion, which at the beginning of the 1960s was illegal in every state. In addition, a Gallup poll that was published in newspapers across the country while the Court was working on the case showed that a substantial majority of the public agreed with the statement, "The decision to have an abortion should be made solely by a woman and her physician." A majority of men, women, Protestants, Catholics, Democrats, and Republicans (68 percent of Republicans, compared with 59 percent of Democrats) agreed with the statement. So the justices could plausibly assume that the decision they were about to hand down would meet with general public approval—as in fact it initially did, before the abortion issue became entangled, later in the 1970s, with partisan politics and the rise of the religious Right.

The political reaction against *Roe v. Wade* built slowly. The first justice to join the Court after the January 1973 decision was John Paul Stevens, named by President Gerald Ford in December 1975. Yet remarkably enough, the nominee was not asked a single question about abortion during his confirmation hearing. If the senators' questions during a Supreme Court confirmation hearing provide a reliable window onto the country's law-related concerns, then it is reasonable to conclude that abortion had not yet become a national political issue nearly three years after the Court's decision.

During the 1980s, however, the Court came under increasing pressure to repudiate *Roe v. Wade*. First the Reagan administration and then the administration of President George H. W. Bush asked the Court to overturn the decision, on five separate occasions. In 1980 the Republican party's platform had called for the first time for the appointment of judges "who respect traditional family values and the sanctity of innocent human life." With new Supreme Court appointments during the ensuing decade, the margin of support within the Court for maintaining the right to abortion appeared to shrink to the vanishing point.

This was the context in which the Court, on the eve of the 1992 presidential election, confronted a challenge to a restrictive Pennsylvania abortion law. The case, it was clear to all, was a potential vehicle for overturning *Roe v. Wade*. The votes appeared to be there. Yet the Court, to the surprise of nearly everyone, declined to take that step, instead reaffirming the "essential holding" of the 1973 decision by a vote of 5 to 4 in *Planned Parenthood of Southeastern Pennsylvania v. Casey* (1992). In an unusual joint opinion by Justices O'Connor, Kennedy, and

Souter—all post-1980 Republican appointees—the majority described the pressure on the Court and explained why "principles of institutional integrity" required that *Roe v. Wade* be reaffirmed. A "terrible price would be paid for overruling," the three justices wrote, adding that such a step "would seriously weaken the Court's capacity to exercise the judicial power and to function as the Supreme Court of a Nation dedicated to the rule of law."

The joint opinion is so revealing of the Court's view of its connection to the public that it is worth quoting at some length:

> The root of American governmental power is revealed most clearly in the instance of the power conferred by the Constitution upon the Judiciary of the United States and specifically upon this Court. As Americans of each succeeding generation are rightly told, the Court cannot buy support for its decisions by spending money and, except to a minor degree, it cannot independently coerce obedience to its decrees. The Court's power lies, rather, in its legitimacy, a product of substance and perception that shows itself in the people's acceptance of the Judiciary as fit to determine what the Nation's law means and to declare what it demands.

The opinion went on to say that "to overrule under fire in the absence of the most compelling reason to reexamine a watershed decision would subvert the Court's legitimacy beyond any serious question." Then, it continued:

> The promise of constancy, once given, binds its maker for as long as the power to stand by the decision survives and the understanding of the issue has not changed so fundamentally as to render the commitment obsolete. . . .
>
> A decision to overrule *Roe*'s essential holding under the existing circumstances would address error, if error there was, at the cost of both profound and unnecessary damage to the Court's legitimacy, and to the Nation's commitment to the rule of law. It is therefore imperative to adhere to the essence of *Roe*'s original decision, and we do so today.

The *Casey* decision sparked strong dissent within the Court as well as sustained criticism from outside. It did not, as the three justices explicitly hoped, relieve pressure on the Court or cause those who sought *Roe*'s repudiation to withdraw. Acutely self-conscious and somewhat overwrought in tone, the decision nonetheless stands as a fascinating example of the Court's response to a perceived threat to its own legitimacy in the eyes of the public.

There was nothing subtle about the *Casey* decision. The issue was familiar, and the Court knew where the support and the attacks were coming from. But suppose an issue is relatively novel, or reaches the Court in a new or unfamiliar context. Where can justices turn for knowledge that they themselves lack?

The obvious answer lies with the parties themselves and the briefs they submit in advance of the argument. But just as cert petitions have word limits (9,000 words), so do the briefs on the merits that the parties submit once a case is granted (15,000 words for each side, plus an extra 6,000 words for the petitioner to file a reply brief). Often, the parties consume nearly all the allotted space in setting out the background of the case and the legal arguments. There is little room left for what the justices may most want to know: the larger context, the implications of ruling for one side or the other.

This is where the *amicus curiae*, the friend of the court, comes in. Assuming each side agrees to the other's list of *amici*, as is almost always the case, there is no upper limit on the number of "friends" the parties can marshal. (The Court itself can grant permission for an *amicus* filing if there is a dispute between the parties over the issue.) While an *amicus* is, of course, primarily a friend of the particular party in support of which it is submitting a brief, the phrase "friend of the court" is not a misnomer. An informative *amicus* brief does the justices a favor by presenting, within a 9,000-word limit, useful and relevant information that supplements, without duplicating, the information in the party's brief. Justice O'Connor's reliance on the *amicus* briefs in the University of Michigan Law School admissions case is an example of how important these filings can be. The helpful potential of a good *amicus* brief is not lost on the lawyers who appear before the Court, and the number of such briefs has grown substantially. While there were only fifteen *amicus* briefs filed in *Roe v. Wade*, today there are often at least that many in fairly routine cases, and in major cases the number runs into the dozens. *Amicus* briefs are often used by interest groups to stake out a public position in cases within the group's area of interest. The brief can then be distributed to members and potential donors as a way of indicating that the group is a player on the Supreme Court stage.

The solicitor general's office, which represents the federal government as a party in many of the Court's cases, is also an active *amicus*, informing the justices of the potential impact on federal programs in cases that do not involve the government directly. In order to evaluate the advisability of filing a brief, the solicitor general's office has a system for learning which federal agencies might have a stake in the outcome of a pending non-federal case. But no system is perfect, and a recent failure illustrates what can happen when the justices unknowingly rely on partial information.

In *Kennedy v. Louisiana*, a case decided in 2008, the question was whether it was constitutional to impose the death penalty for the rape of a child if the crime did not also involve murder. Years earlier, shortly after restoring capital punishment, the Court had ruled in *Coker v. Georgia* (1977) that the death penalty was not constitutionally acceptable for the rape of an adult woman. Louisiana was one of a handful of states that sought to extend its death penalty, beyond murder, to child rape. Was such a penalty one of the "cruel and unusual punishments" that the Eighth Amendment prohibits?

As in other categorical challenges to the application of the death penalty, the Court surveyed the sentencing landscape. With only six states imposing capital punishment for the rape of a child, the majority concluded that there was a national consensus against this use of the death penalty. The vote to declare the Louisiana law unconstitutional was 5 to 4. Writing for the majority, Justice Kennedy noted that while Congress had expanded the federal death penalty during the 1990s, none of the new applications involved the rape of a child. The observation bolstered the majority's conclusion.

But the observation was incorrect. Neither the parties, nor the solicitor general, nor any of the *amici* were aware that only two years earlier, Congress had made the rape of a child subject to the death penalty for members of the armed forces governed by the Uniform Code of Military Justice. This inconvenient fact came to light after the Court had delivered its decision and recessed for the summer. Both Louisiana and the solicitor general's office filed briefs asking the justices to reconsider the case. Briefs flew back and forth for weeks. Eventually, the Court announced that it would stand by its decision.

In addition to institutional embarrassment in many quarters, there was a particular irony to this failure of information. The Court's Eighth Amendment jurisprudence depends to a considerable measure on the justices' assessment of public opinion as reflected in statutes. A punishment that is demonstrably "unusual" is deemed constitutionally problematic. On this basis, the Court has invalidated the death penalty for mentally retarded defendants who commit murder (*Atkins v. Virginia,* 2002) as well as for youthful killers (*Roper v. Simmons,* 2005). But this type of analysis depends on accurate information. The Court is vitally interested in public opinion, but it can't read minds. Like the rest of us, the justices only know what they learn on their own or what someone tells them.

Chapter 8
The Court and the world

During the first decades after independence, some legislators and other leaders of the new United States were eager to insulate the country's legal system against corruption from the old regimes of Europe. Between 1799 and 1810 the legislatures of New Jersey, Kentucky, and Pennsylvania passed statutes forbidding the state courts from citing any cases decided by English courts after July 4, 1776. In private correspondence, Thomas Jefferson supported the effort to rid American courts of English law.

But even then, the American attitude toward foreign law was ambivalent, hardly universally hostile. The first paragraph of the Declaration of Independence, after all, referred to "a decent respect for the opinions of mankind." The Federalist Papers contain references to more than five hundred foreign place-names. Early Supreme Court opinions included abundant references to foreign law, and accounts of Napoleon's legal reforms in France were widely circulated. Much later, twentieth-century Americans watched with pride as the nations of Europe followed the U.S. model in embracing the idea of a constitutional court, empowered to invalidate legislation deemed incompatible with the country's basic charter. As these courts spread their wings in new post–World War II or post–Cold War democracies, it was common for their judges to invoke U.S. Supreme Court precedents.

But despite widespread respect for the Supreme Court, no country has simply imported the American experience wholesale. While the Framers of the U.S. Constitution had little in the way of practical experience to guide them, the architects of the new constitutional systems could evaluate the strengths and weaknesses of the American experience. The choices they made are illuminating.

For example, no country in the world has chosen to bestow life tenure on its judges. A single nonrenewable term is the most common model. The fifteen members of the Italian Constitutional Court serve for nine years, whereas the sixteen justices of the Federal Constitutional Court in Germany serve for twelve. South Africa's Constitutional Court, which was created by the post-apartheid constitution in 1994 and quickly established itself in the forefront of constitutional courts, has twelve-year terms for its eleven justices.

While a complete inventory of the judicial tenure of the world's constitutional courts is beyond the scope of this book, these examples demonstrate that other countries have seen little to emulate in the U.S. model of life tenure. Not coincidentally, the confirmation battles that mark the U.S. judicial selection process, even for lower court judges, are largely absent. This is undoubtedly due in large measure to differences in the rules for selecting and confirming judges. In Germany, for example, confirmation requires a two-thirds majority, a rule that effectively mandates political compromise at the beginning of the process. But the scheduled turnover created by term limits also contributes to the lowered temperature by removing the prospect that a political party temporarily in power can exercise long-lasting control over the judiciary.

Another difference is that European courts, at least, tend to observe a norm of unanimity. Separate opinions are disfavored and, in some countries, even officially forbidden. When judges are permitted to note a dissenting view, they are often required to do so anonymously. Oral arguments are rare. Taken as a whole, rules like these make it less likely that judges will take on the role of public—or polarizing—personalities.

Comparisons that focus on structure are inherently incomplete, because both substantive law and the domestic political context in which it evolves obviously differ across borders. These variations, along with the fact that the jurisprudence of some foreign courts has moved in a more liberal direction even as U.S. courts have become more conservative, accounts for the recent controversy in the United States over the propriety of federal judges citing non-U.S. judicial rulings in their own opinions. Citing foreign law, both Justice Scalia and Chief Justice Roberts have complained, is like looking out over a crowd and picking out one's friends—selecting those opinions most compatible with a desired result.

Critics have focused on three Supreme Court opinions decided between 2002 and 2005. All three moved the law in a progressive direction, with the majority opinions citing the views of foreign courts or lawmakers. These foreign sources were clearly not invoked as determinative of the meaning of the U.S. Constitution, nor could they have been. But mere mention of the foreign materials provoked anger by framing the question of how to interpret the Constitution in a global context of evolving views on human dignity. Two of the decisions concerned capital punishment. The Court held in *Atkins v. Virginia*, in 2002, that the Eighth Amendment's prohibition of cruel and unusual punishment barred the execution of mentally retarded offenders. The majority mentioned a brief on the defendant's behalf by the European Union. Three years later, in *Roper v. Simmons*, the Court barred the execution of those convicted of having committed a capital crime before the age of eighteen. In this case, the majority cited European *amicus* briefs as well as the United Nations Convention on the Rights of the Child, a treaty that the United States has not ratified.

In between those two decisions, the Court ruled in *Lawrence v. Texas* (2003) that a Texas law criminalizing homosexual sodomy was unconstitutional. That decision overturned a seventeen-year-old precedent (*Bowers v. Hardwick,* 1986) and marked a constitutional turning point for gay rights. The majority opinion cited the English law that decriminalized sodomy in 1967 as well as a similar 1981 ruling by the European Court of Human Rights.

These decisions sparked a strong negative response from conservatives in Congress. In 2004, after the *Atkins* and *Lawrence* rulings, the chairman of the House Judiciary Committee, F. James Sensenbrenner, a Republican from Wisconsin, addressed the members of the Judicial Conference, gathered for their spring meeting at the Supreme Court. "Inappropriate judicial adherence to foreign laws or legal tribunals threatens American sovereignty, unsettles the separation of powers carefully crafted by our Founders, and threatens to undermine the legitimacy of the American judicial process," the congressman told Chief Justice

11. People wait through the night to pay respects to Justice Thurgood Marshall, lying in repose in the Court's Great Hall, January 27, 1993.

Rehnquist and the other judges. He warned that Congress would soon examine the issue. Other congressional Republicans raised the threat of impeachment, warning that they regarded citing foreign law as incompatible with the reference in Article III "good behavior."

This controversy did not appear to change any minds on the Supreme Court. Justices who supported acknowledging foreign sources of law continued to do so, while those who opposed the practice continued to criticize it. Talk of impeachment faded as congressional attention shifted to other targets. It is uncertain whether the public as a whole even paid attention to a debate that for at least some months captivated legal and political circles in Washington.

What is clear, however, is that even though most people know little about the Supreme Court and may never hold a Supreme Court opinion in their hands, the Court occupies a place in the public imagination. The large crowd that gathered for the laying of the cornerstone in 1932 came to celebrate the Court's long-delayed arrival at a home of its own. The people who waited outside the Court through a cold winter night in 1993 to pass by Justice Thurgood Marshall's casket were also, in their way, celebrating: the life of a man who had inspired the Court as a lawyer and served it as a justice. Although other nations choose features of the Court to reject as well as to emulate, as they tailor their constitutional courts to their own needs, it is still the Supreme Court of the United States that looms over the world's inner landscape. The Framers expected as much. In a landmark opinion of the early Court (*Martin v. Hunter's Lessee,* 1816), Justice Joseph Story described the Supreme Court's power to decide cases "in the correct adjudication of which foreign nations are deeply interested." They still are.

Appendix 1

United States Constitution, Article III

Section 1. The judicial power of the United States, shall be vested in one Supreme Court, and in such inferior courts as the Congress may from time to time ordain and establish. The judges, both of the supreme and inferior courts, shall hold their offices during good behavior, and shall, at stated times, receive for their services, a compensation, which shall not be diminished during their continuance in office.

Section 2. The judicial power shall extend to all cases, in law and equity, arising under this Constitution, the laws of the United States, and treaties made, or which shall be made, under their authority;—to all cases affecting ambassadors, other public ministers and consuls;—to all cases of admiralty and maritime jurisdiction;—to controversies to which the United States shall be a party;—to controversies between two or more states;—between a state and citizens of another state;—between citizens of different states;—between citizens of the same state claiming lands under grants of different states, and between a state, or the citizens thereof, and foreign states, citizens or subjects.

In all cases affecting ambassadors, other public ministers and consuls, and those in which a state shall be party, the Supreme Court shall have original jurisdiction. In all the other cases before mentioned, the Supreme Court shall have appellate jurisdiction, both as to law and fact, with such exceptions, and under such regulations as the Congress shall make.

The trial of all crimes, except in cases of impeachment, shall be by jury; and such trial shall be held in the state where the said crimes shall have been committed; but when not committed within any state, the trial shall be at such place or places as the Congress may by law have directed.

Section 3. Treason against the United States, shall consist only in levying war against them, or in adhering to their enemies, giving them aid and comfort. No person shall be convicted of treason unless on the testimony of two witnesses to the same overt act, or on confession in open court.

The Congress shall have power to declare the punishment of treason, but no attainder of treason shall work corruption of blood, or forfeiture except during the life of the person attainted.

Appendix 2
The Supreme Court's Rules

Excerpts from the Rules, effective February 2010

Rule 10. Considerations Governing Review on Certiorari

Review on a writ of certiorari is not a matter of right, but of judicial discretion. A petition for a writ of certiorari will be granted only for compelling reasons. The following, although neither controlling nor fully measuring the Court's discretion, indicate the character of the reasons the Court considers:

(a) a United States court of appeals has entered a decision in conflict with the decision of another United States court of appeals on the same important matter; has decided an important federal question in a way that conflicts with a decision by a state court of last resort; or has so far departed from the accepted and usual course of judicial proceedings, or sanctioned such a departure by a lower court, as to call for an exercise of this Court's supervisory power;
(b) a state court of last resort has decided an important federal question in a way that conflicts with the decision of another state court of last resort or of a United States court of appeals;
(c) a state court or a United States court of appeals has decided an important question of federal law that has not been, but should be, settled by this Court, or has decided an important federal question in a way that conflicts with relevant decisions of this Court.

A petition for a writ of certiorari is rarely granted when the asserted error consists of erroneous factual findings or the misapplication of a properly stated rule of law.

Rule 13. Review on Certiorari: Time for Petitioning

1. Unless otherwise provided by law, a petition for a writ of certiorari to review a judgment in any case, civil or criminal, entered by a state court of last resort of a United States court of appeals (including the United States Court of Appeals for the Armed Forces) is timely when it is filed with the Clerk of this Court within 90 days after entry of the judgment. . . .
2. The Clerk will not file any petition for a writ of certiorari that is jurisdictionally out of time . . .
3. The time to file a petition for a writ of certiorari runs from the date of entry of the judgment or order sought to be reviewed . . .
5. For good cause, a Justice may extend the time to file a petition for a writ of certiorari for a period not exceeding 60 days . . . An application to extend the time to file a petition for a writ of certiorari is not favored.

Rule 14. Content of a Petition for a Writ of Certiorari

1. A petition for a writ of certiorari shall contain, in the order indicated:
   (a) The questions presented for review, expressed concisely in relation to the circumstances of the case, without unnecessary detail. The question should be short and should not be argumentative or repetitive. . . . The questions shall be set out on the first page following the cover, and no other information may appear on that page. The statement of any question presented is deemed to comprise every subsidiary question fairly included therein. Only the questions set out in the petition, or fairly included therein, will be considered by the Court. . . .

3. A petition for a writ of certiorari should be stated briefly and in plain terms. . . .
4. The failure of a petitioner to present with accuracy, brevity, and clarity whatever is essential to ready and adequate understanding of the points requiring consideration is sufficient reason for the Court to deny the petition.

Rule 28. Oral Argument

1. Oral argument should emphasize and clarify the written arguments in the briefs on the merits. Counsel should assume that all Justices have read the briefs before oral argument. Oral argument read from a prepared text is not favored. . . .

Appendix 3
Chart of the Justices

Nominating President/ Justice	Oath Taken	Term End	Yrs. of Service
George Washington			
John Jay*	Oct. 19, 1789	R June 29, 1795	6
John Rutledge	Feb. 15, 1790	R Mar. 5, 1791	1
William Cushing	Feb. 2, 1790	D Sept. 13, 1810	21
James Wilson	Oct. 5, 1789	D Aug. 21, 1798	9
John Blair	Feb. 2, 1790	R Oct. 25, 1795	6
James Iredell	May 12, 1790	D Oct. 20, 1799	9
Thomas Johnson*	Aug. 6, 1792	R Jan. 16, 1793	1
William Paterson	Mar. 11, 1793	D Sept. 9, 1806	13
John Rutledge*†	Aug. 12, 1795	R Dec. 15, 1795	.3
Samuel Chase	Feb. 4, 1796	D June 19, 1811	15
Oliver Ellsworth	Mar. 8, 1796	R Dec. 15, 1800	4
John Adams			
Bushrod Washington	Feb. 4, 1799	D Nov. 26, 1829	31
Alfred Moore	Apr. 21, 1800	R Jan. 26, 1804	4
John Marshall*	Feb. 4, 1801	D July 6, 1835	34

* = chief justice; † = nomination for promotion to chief justice (years of service, where applicable, are as chief justice only; see prior listing for nomination and service as associate justice); D = died; P = promoted to chief justice (see separate listing for service as chief justice); R = retirement/resignation.

Nominating President/ Justice	Oath Taken	Term End	Yrs. of Service
Thomas Jefferson			
William Johnson	May 7, 1804	D Aug. 4, 1834	30
H. Brockholst Livingston	Jan. 20, 1807	D Mar. 18, 1823	16
Thomas Todd	May 4, 1807	D Feb. 7, 1826	19
James Madison			
Joseph Story	Feb. 3, 1812	D Sept. 10, 1845	34
Gabriel Duvall	Nov. 23, 1811	R Jan. 14, 1835	23
James Monroe			
Smith Thompson	Sept. 1, 1823	D Dec. 18, 1843	20
John Quincy Adams			
Robert Trimble	June 16, 1826	D Aug. 25, 1828	2
Andrew Jackson			
John McLean	Jan. 11, 1830	D Apr. 4, 1861	32
Henry Baldwin	Jan. 18, 1830	D Apr. 21, 1844	14
James M. Wayne	Jan. 14, 1835	D July 5, 1867	32
Roger B. Taney*	Mar. 28, 1836	D Oct. 12, 1864	28
Philip P. Barbour	May 12, 1836	D Feb. 25, 1841	5
John Catron	May 1, 1837	D May 30, 1865	28
Martin Van Buren			
John McKinley	Jan. 9, 1838	D July 19, 1852	15
Peter V. Daniel	Jan. 10, 1842	D May 31, 1860	19
John Tyler			
Samuel Nelson	Feb. 27, 1845	R Nov. 28, 1872	27

Nominating President/ Justice	Oath Taken	Term End	Yrs. of Service
James K. Polk			
Levi Woodbury	Sept. 23, 1845	D Sept. 4, 1851	5
Robert C. Grier	Aug. 10, 1846	R Jan. 31, 1870	23
Millard Fillmore			
Benjamin R. Curtis	Oct. 10, 1851	R Sept. 30, 1857	5
Franklin Pierce			
John A. Campbell	Apr. 11, 1853	R Apr. 30, 1861	8
James Buchanan			
Nathan Clifford	Jan. 21, 1858	D July 25, 1881	23
Abraham Lincoln			
Noah H. Swayne	Jan. 27, 1862	R Jan. 24, 1881	19
Samuel F. Miller	July 21, 1862	D Oct. 13, 1890	28
David Davis	Dec. 10, 1862	R Mar. 4, 1877	14
Stephen J. Field	May 20, 1863	R Dec. 1, 1897	34
Salmon P. Chase*	Dec. 15, 1864	D May 7, 1873	8
Ulysses S. Grant			
William Strong	Mar. 14, 1870	R Dec. 14, 1880	10
Joseph P. Bradley	Mar. 23, 1870	D Jan. 22, 1892	21
Ward Hunt	Jan. 9, 1873	R Jan. 27, 1882	9
Morrison R. Waite*	Mar. 4, 1874	D Mar. 23, 1888	14
Rutherford B. Hayes			
John Marshall Harlan	Dec. 10, 1877	D Oct. 14, 1911	34
William B. Woods	Jan. 5, 1881	D May 14, 1887	6

Nominating President/ Justice	Oath Taken	Term End	Yrs. of Service
James Garfield			
Stanley Matthews	May 17, 1881	D Mar. 22, 1889	7
Chester A. Arthur			
Horace Gray	Jan. 9, 1882	D Sept. 15, 1902	20
Samuel Blatchford	Apr. 3, 1882	D July 7, 1893	11
Grover Cleveland			
Lucius Q. C. Lamar	Jan. 18, 1888	D Jan. 23, 1893	5
Melville W. Fuller*	Oct. 8, 1888	D July 4, 1910	22
Benjamin Harrison			
David J. Brewer	Jan. 6, 1890	D Mar. 28, 1910	20
Henry B. Brown	Jan. 5, 1891	R May 28, 1906	15
George Shiras Jr.	Oct. 10, 1892	R Feb. 23, 1903	10
Howell E. Jackson	Mar. 4, 1893	D Aug. 8, 1895	2
Grover Cleveland			
Edward D. White	Mar. 12, 1894	P Dec. 18, 1910	17
Rufus W. Peckham	Jan. 6, 1896	D Oct. 24, 1909	13
William McKinley			
Joseph McKenna	Jan. 26, 1898	R Jan. 5, 1925	26
Theodore Roosevelt			
Oliver Wendell Holmes	Dec. 8, 1902	R Jan. 12, 1932	29
William R. Day	Mar. 2, 1903	R Nov. 13, 1922	19
William H. Moody	Dec. 17, 1906	R Nov. 20, 1910	3
William Howard Taft			
Horace H. Lurton	Jan. 3, 1910	D July 12, 1914	4

Nominating President/ Justice	Oath Taken	Term End	Yrs. of Service
Charles E. Hughes	Oct. 10, 1910	R June 10, 1916	6
Edward D. White*†	Dec. 19, 1910	D May 19, 1921	10
Willis Van Devanter	Jan. 3, 1911	R June 2, 1937	26
Joseph R. Lamar	Jan. 3, 1911	D Jan. 2, 1916	5
Mahlon Pitney	Mar. 18, 1912	R Dec. 31, 1922	10
Woodrow Wilson			
James C. McReynolds	Oct. 12, 1914	R Jan. 31, 1941	26
Louis D. Brandeis	June 5, 1916	R Feb. 13, 1939	22
John H. Clarke	Oct. 9, 1916	R Sept. 18, 1922	6
Warren G. Harding			
William H. Taft*	July 11, 1921	R Feb. 3, 1930	8
George Sutherland	Oct. 2, 1922	R Jan. 17, 1938	15
Pierce Butler	Jan. 2, 1923	D Nov. 16, 1939	17
Edward T. Sanford	Feb. 19, 1923	D Mar. 8, 1930	7
Calvin Coolidge			
Harlan F. Stone	Mar. 2, 1925	P July 2, 1941	16
Herbert Hoover			
Charles E. Hughes*†	Feb. 24, 1930	R June 30, 1941	11
Owen J. Roberts	June 2, 1930	R July 31, 1945	15
Benjamin N. Cardozo	Mar. 14, 1932	D July 9, 1938	6
Franklin Delano Roosevelt			
Hugo L. Black	Aug. 19, 1937	R Sept. 17, 1971	34
Stanley F. Reed	Jan. 31, 1938	R Feb. 25, 1957	19
Felix Frankfurter	Jan. 30, 1939	R Aug. 28, 1962	23

***Nominating President*/ Justice**	Oath Taken	Term End	Yrs. of Service
William O. Douglas	Apr. 17, 1939	R Nov. 12, 1975	36
Frank Murphy	Feb. 5, 1940	D July 19, 1949	9
Harlan F. Stone*†	July 3, 1941	D Apr. 22, 1946	5
James F. Byrnes	July 8, 1941	R Oct. 3, 1942	1
Robert H. Jackson	July 11, 1941	D Oct. 9, 1954	13
Wiley B. Rutledge	Feb. 15, 1943	D Sept. 10, 1949	6
Harry S. Truman			
Harold H. Burton	Oct. 1, 1945	R Oct. 13, 1958	13
Fred M. Vinson*	June 24, 1946	D Sept. 8, 1953	7
Tom C. Clark	Aug. 24, 1949	R June 12, 1967	18
Sherman Minton	Oct. 12, 1949	R Oct. 15, 1956	7
Dwight D. Eisenhower			
Earl Warren*	Oct. 5, 1953	R June 23, 1969	15
John M. Harlan	Mar. 28, 1955	R Sept. 23, 1971	16
William J. Brennan Jr.	Oct. 16, 1956	R July 20, 1990	33
Charles E. Whittaker	Mar. 25, 1957	R Mar. 31, 1962	5
Potter Stewart	Oct. 14, 1958	R July 3, 1981	22
John F. Kennedy			
Byron R. White	Apr. 16, 1962	R June 28, 1993	31
Arthur J. Goldberg	Oct. 1, 1962	R July 25, 1965	3
Lyndon B. Johnson			
Abe Fortas	Oct. 4, 1965	R May 14, 1969	4
Thurgood Marshall	Oct. 2, 1967	R Oct. 1, 1991	24
Richard M. Nixon			
Warren E. Burger*	June 23, 1969	R Sept. 26, 1986	17

***Nominating President*/ Justice**	Oath Taken	Term End	Yrs. of Service
Harry A. Blackmun	June 9, 1970	R Aug. 3, 1994	24
Lewis F. Powell Jr.	Jan. 7, 1972	R June 26, 1987	16
William H. Rehnquist	Jan. 7, 1972	P Sept. 26, 1986	15
Gerald R. Ford			
John Paul Stevens	Dec. 19, 1975	R June 29, 2010	34
Ronald Reagan			
Sandra Day O'Connor	Sept. 25, 1981	R Jan. 31, 2006	24
William H. Rehnquist*†	Sept. 26, 1986	D Sept. 3, 2005	19
Antonin Scalia	Sept. 26, 1986		
Anthony M. Kennedy	Feb. 18, 1988		
George H. W. Bush			
David H. Souter	Oct. 9, 1990	R June 29, 2009	20
Clarence Thomas	Oct. 23, 1991		
William J. Clinton			
Ruth B. Ginsburg	Aug. 10, 1993		
Stephen G. Breyer	Aug. 3, 1994		
George W. Bush			
John G. Roberts Jr.	Sept. 29, 2005		
Samuel A. Alito Jr.	Jan. 31, 2006		
Barack Obama			
Sonia Sotomayor	Aug. 8, 2009		
Elena Kagan	Aug. 7, 2010		

References

Chapter 1

The activities of the Justices while riding circuit are discussed in detail in volumes 2 (1989) and 3 (1990) of *The Documentary History of the Supreme Court of the United States, 1789–1800* (New York: Columbia University Press). John Jay's letter to John Adams, declining the president's offer of resuming the position of Chief Justice, is reprinted in *The Correspondence and Public Papers of John Jay*, ed. Henry P. Johnson (New York: G. P. Putnam's Sons, 1890), 4:284–85. It is cited in Michael J. Klarman's interesting article, "How Great Were the 'Great' Marshall Court Decisions?" *Virginia Law Review* 87:1111, 1154, n. 226.

For a recent citation of John Marshall's famous line about the Court's "province and duty" to "say what the law is," see the Supreme Court's 2008 decision in *Boumediene v. Bush*, invalidating an act of Congress that stripped the federal courts of jurisdiction to hear cases brought by detainees at Guantanamo Bay. Writing for the majority, Justice Kennedy said that "[t]o hold the political branches have the power to switch the Constitution on or off at will . . . would permit a striking anomaly in our tripartite system of government, leading to a regime in which Congress and the President, not this Court, say 'what the law is'" [citing *Marbury*].

For a list of congressional enactments that the Supreme Court has overruled, see the *Constitution of the United States, Analysis and Interpretation,* published by the Government Printing Office and available on line at www/gpoaccess.gov/constitution/pdf2002/046.pdf.

Chapter 2

The Supreme Court's Rule 13 provides that petitions for certiorari must be filed within ninety days from the lower court's entry of "final judgment." The rule for judicial deference to an agency's plausible interpretation of an ambiguous statute is set out in *Chevron U.S.A., Inc. v. Natural Resources Defense Council* (1984). The doctrine is known as "Chevron deference."

Chapter 3

For illustrations and analysis of the ways in which Justices have shifted over time from their original ideological positions, see the article by Lee Epstein and her co-authors, "Ideological Drift Among Supreme Court Justices: Who, When, and How Important?" *Northwestern Law Review Colloquy* 101 (2007): 127–31. The scholar who identified the presence or absence of prior executive branch experience as predictive of a new Supreme Court justice's eventual ideological shift was Michael C. Dorf in his article "Does Federal Executive Branch Experience Explain Why Some Republican Supreme Court Justices 'Evolve' and Others Don't?" *Harvard Law & Policy Review* 1 (2007): 457–76. The six justices in Dorf's "no experience" group were Blackmun, Powell, Stevens, O'Connor, Kennedy, and Souter. In the "experienced" group were Burger, Rehnquist, Scalia, Thomas, Roberts, and Alito. While this study was concluded very early in the tenures of Roberts and Alito, the author noted that "preliminary evidence indicates that the pattern will also hold" for them. The scholar who examined a nominee's geographic origin as a factor was Lawrence Baum in his book *Judges and Their Audiences: A Perspective on Judicial Behavior* (Princeton, NJ: Princeton University Press, 2006). On this topic, see also my article "Change and Continuity on the Supreme Court," *Washington University Journal of Law and Policy* 25 (2007): 39–59, which focuses on the example of Harry Blackmun.

For a detailed account of the effort to impeach Justice Douglas, see David E. Kyvig's *The Age of Impeachment: American Constitutional Culture Since 1960* (Lawrence: University Press of Kansas, 2008).

On the debate over life tenure for Supreme Court Justices, see *Reforming the Courts: Term Limits for Supreme Court Justices*, ed. Roger C. Cramton and Paul D. Carrington (Durham, NC: Carolina Academic Press, 2006) and Sanford Levinson's *Our Undemocratic Constitution: Where the Constitution Goes Wrong (And How We the People Can Correct It)* (New York: Oxford University Press, 2006).

Chapter 4

Chief Justice Rehnquist was a fan of Gilbert and Sullivan, and his quip about his performance during the Clinton impeachment came from a reference to the House of Lords in one of his favorite Gilbert and Sullivan operettas, *Iolanthe.*

The study of the Chief Justice's multiple duties was presented at a 2005 symposium on "the Chief Justice and the Institutional Judiciary," sponsored by the *University of Pennsylvania Law Review*, which devoted its June 2006 issue to the papers presented at the symposium. See Judith Resnik and Lane Dilg, "Responding to a Democratic Deficit: Limiting the Powers and the Term of the Chief Justice of the United States," *University of Pennsylvania Law Review* 154 (2006): 1575–1664.

The quotation from Salmon Chase is from Alpheus Thomas Mason's article, "The Chief Justice of the United States: *Primus Inter Pares*," *Journal of Public Law* 17 (1968): 20–60. The later quotation about the "human factor" in a chief justice's influence is also from this article.

Justice Kennedy's letter to Justice Blackmun, and other correspondence among the justices relating to *Lynch v. Donnelly*, is in Box 586, Folder 6 of the Harry A. Blackmun Collection in the Manuscript Division of the Library of Congress.

Chief Justice Taft's article on the Judiciary Act of 1925 was "The Jurisdiction of the Supreme Court Under the Act of February 13, 1925," *Yale Law Journal* 35 (1925): 1–12.

Chapter 5

H. W. Perry's *Deciding to Decide: Agenda Setting in the United States Supreme* Court (Cambridge, MA: Harvard University Press, 1991) introduced the phrase "defensive denial" into the literature.

Morse v. Frederick, the case concerning a student's banner with the puzzling proclamation "Bong Hits For Jesus," is discussed by Frederick Schauer in his article "Is It Important to Be Important? Evaluating the Supreme Court's Case-Selection Process," *Yale Law Journal Online* 119 (2009): 77–86. Sanford Levinson's observations about the "litigated Constitution" versus the "hard-wired Constitution" come from his article "What Should Citizens (As Participants in a Republican Form of Government) Know About the Constitution?" *William & Mary Law Review* 50 (2009): 1239–60.

Chapter 6

Stephen Burbank's article is "Judicial Independence, Judicial Accountability, and Interbranch Relations," *Georgetown Law Journal* 95 (2007): 909–27. Efforts to strip the courts of jurisdiction over controversial issues are described in the leading recent study of the relationship between Congress and the federal judiciary, Charles Gardner Geyh's *When Courts and Congress Collide: The Struggle for Control of America's Judicial System* (Ann Arbor: University of Michigan Press, 2006). The definitive account of congressional responses to the Supreme Court's statutory rulings in the modern era is an article by William N. Eskridge Jr.,

"Overriding Supreme Court Statutory Interpretation Decisions," *Yale Law Journal* 101 (1991): 331–455.

The Court's decision upholding the rights of the Cherokees and provoking Andrew Jackson's displeasure was *Worcester v. Georgia* (1832).

Ledbetter v. Goodyear Tire & Rubber Co., Inc. was overturned by the Lilly Ledbetter Fair Pay Act of 2009, P.L. 111–2, 123 Stat. 5 (2009).

Chapter 7

The quotation is from Cardozo's *The Nature of the Judicial Process,* originally delivered in 1921 as the Storrs Lectures at Yale and kept in print since then by the Yale University Press. Justice O'Connor's lecture was published as "Public Trust as a Dimension of Equal Justice," *Court Review* 36 (1999): 10–13. Chief Justice Rehnquist's comments on public opinion come from a lecture published as "Constitutional Law and Public Opinion," *Suffolk University Law Review* 20 (1986): 751–69.

The Epstein and Martin article, "Does Public Opinion Influence the Supreme Court? Possibly Yes (But We're Not Sure Why)" was published in the *University of Pennsylvania Journal of Constitutional Law* 13 (2010): 263–81. The "republican schoolmaster" image is from Ralph Lerner, "The Supreme Court as Republican Schoolmaster," *Supreme Court Review* 1967 (1967): 127–80. The study referred to on the issue of assisted suicide is from the chapter "The Right to Die" by Joshua A. Green and Matthew G. Jarvis, in *Public Opinion and Constitutional Controversy,* ed. Nathaniel Persily, Jack Citrin, and Patrick J. Egan (New York: Oxford University Press, 2008). The Persily book is also the source for the "legitimation hypothesis" mentioned in the text.

The results of the 2005 survey on public understanding of the courts are reported by Kathleen Hall Jamieson and Michael Hennessy in "Public Understanding of and Support for the Courts:

Survey Results," *Georgetown Law Journal* 95 (2007): 899–902. More recent surveys of students in grades four, six, and twelve, conducted by a unit of the U.S. Department of Education, continue to reveal similarly alarming gaps in knowledge about basic civics. See *The Nation's Report Card: Civics 2010: National Assessment of Educational Progress at Grades 4, 6, and 12,* issued in May 2011 by the National Center for Education Statistics and available at http://nces.ed.gov/nationsreportcard/pdf/main2010/2011466.pdf.

Robert Dahl's assessment of the Court's role in the political system is from his article "Decision-Making in a Democracy: The Supreme Court as a National Policy-Maker," *Journal of Public Law* 6 (1957) 279–95. The 1972 Gallup Poll on attitudes toward abortion is discussed in Linda Greenhouse and Reva B. Siegel, *Before Roe v. Wade: Voices That Shaped the Abortion Debate Before the Supreme Court's Ruling* (New York: Kaplan, 2010). The political aftermath of the abortion decision is discussed in Linda Greenhouse and Reva B. Siegel, "Before (and After) *Roe v. Wade:* New Questions About Backlash," *Yale Law Journal* 120 (2011): 2028–87.

Chapter 8

Thomas Jefferson's objection to English law is discussed by David J. Seipp in his article, "Our Law, Their Law, History, and the Citation of Foreign Law," *Boston University Law Review* 86 (2006): 1417–46. An article that offers a particularly useful comparative analysis in the modern context is John Ferejohn and Pasquale Pasquino's "Constitutional Adjudication: Lessons from Europe," *Texas Law Review* 82 (2003–2004): 1671–1704.

Cases cited

Supreme Court opinions are published by the government in a series of volumes called *United States Reports*. Opinions are identified by volume and page number. Thus, the official citation for *Brown v. Board of Education* is 347 U.S. 483 (1954); it appears beginning on page 483 of vol. 347 of *United States Reports* and was decided in 1954. In the Court's early decades, there was no *United States Reports,* and the volumes were known by the name of the Reporter (originally an unofficial, unpaid position) who published them. Thus, *Marbury v. Madison* is cited today as 1 Cranch (5 U.S.) 137 (1803) because the opinion appeared in a volume produced by William Cranch, the Court's second Reporter. (The first Reporter was Alexander J. Dallas, whose abbreviated name appears in the citations to the Court's earliest opinions.) The early volumes were retrospectively assigned "U.S." volume numbers later in the nineteenth century, after Congress appropriated money to publish the series. The Court's Reporter of Decisions, as the official position is now known, is still responsible for overseeing the publication of accurate texts of opinions.

What follows are citations for all opinions mentioned in the text and in the References.

Atkins v. Virginia, 536 U.S. 304 (2002)
Board of Regents, University of Alabama v. Garrett, 531 U.S. 356 (2001)
Boumediene v. Bush, 553 U.S. 723 (2008)
Bowers v. Hardwick, 478 U.S. 186 (1986)
Brown v. Board of Education, 347 U.S. 483 (1954)
Chevron U.S.A., Inc. v. Natural Resources Defense Council, 467 U.S. 837 (1984)
Chisholm v. Georgia, 2 Dall. (2 U.S.) 419 (1793)
Citizens United v. Federal Election Commission, 558 U.S. 50 (2010)
City of Boerne v. Flores, 521 U.S. 507 (1997)
Clinton v. Jones, 520 U.S. 681 (1997)
Coker v. Georgia, 433 U.S. 584 (1977)
Dickerson v. United States, 530 U.S. 428 (2000)
District of Columbia v. Heller, 554 U.S. 570 (2008)
Employment Div., Dept. of Human Resources of Oregon v. Smith, 494 U.S. 872 (1990)
Gonzales v. Raich, 545 U.S. 1 (2005)

Grutter v. Bollinger, 539 U.S. 306 (2003)
Hamdan v. Rumsfeld, 545 U.S. 557 (2006)
Hayburn's Case, 2 Dall. (2 U.S.) 409 (1792)
Kennedy v. Louisiana, 554 U.S. 407 (2008)
Kimel v. Florida Board of Regents, 528 U.S. 62 (2000)
Lawrence v. Texas, 539 U.S. 558 (2003)
Ledbetter v. Goodyear Tire & Rubber Co., Inc., 550 U.S. 618 (2007)
Lynch v. Donnelly, 505 U.S. 833 (1992)
Marbury v. Madison, 1 Cranch (5 U.S.) 137 (1803)
Martin v. Hunter's Lessee, 14 U.S. 304 (1816)
Massachusetts v. Environmental Protection Agency, 549 U.S. 497 (2007)
Miranda v. Arizona, 384 U.S. 436 (1966)
Morse v. Frederick, 551 U.S. 393 (2007)
Murphy v. United Parcel Service, Inc., 527 U.S. 516 (1999)
Nevada Dept. of Human Resources v. Hibbs, 538 U.S. 721 (2003)
Planned Parenthood of Southeastern Pennsylvania v. Casey, 505 U.S. 833 (1992)
Plessy v. Ferguson, 163 U.S. 537 (1896)
Rasul v. Bush, 542 U.S. 466 (2004)
Roe v. Wade, 410 U.S. 113 (1973)
Roper v. Simmons, 543 U.S. 551 (2005)
Scott v. Sandford, 19 How. (60 U.S.) 393 (1857)
Stuart v. Laird, 1 Cranch (5 U.S.) 299 (1803)
Sutton v. United Airlines, Inc., 527 U.S. 471 (1999)
Toyota Motor Mfg. v. Williams, 534 U.S. 184 (2002)
United States v. Lopez, 514 U.S. 549 (1995)
United States v. Morrison, 529 U.S. 598 (2000)
United States v. Nixon, 418 U.S. 683 (1974)
Worcester v. Georgia, 31 U.S. 515 (1832)
Youngstown Sheet & Tube Co. v. Sawyer, 343 U.S. 579 (1952)

Further reading

General works

For a comprehensive, single-volume history of the Court, *The Supreme Court: An Essential History* by Peter Charles Hoffer, Williamjames Hull Hoffer, and N. E. H. Hull (Lawrence: University Press of Kansas, 2007) is accessible and well organized by chief justice, through the Rehnquist years. *The American Supreme Court* by Robert G. McCloskey (Chicago: University of Chicago Press, 5th ed., 2010) is a classic work that incorporates both history and doctrine. Originally published in 1960, the latest edition, substantially revised by Sanford Levinson, includes a comprehensive forty-eight-page bibliographic essay. Another one-volume history is *A History of the Supreme Court* by Bernard Schwartz (New York: Oxford University Press, 1993), which is organized by chief justice while also including separate chapters on the "watershed cases" of each era. Lawrence Baum, a political scientist who writes widely on the Court, has published a substantially revised tenth edition of his one-volume *The Supreme Court* (Washington, DC: CQ Press, 2010), with an emphasis on the Court's members and internal operations. A second edition of *The Oxford Companion to the Supreme Court of the United States* (New York: Oxford University Press), edited by Kermit L. Hall, an encyclopedic collection of short essays, was published in 2005.

The Judicial Branch, edited by Kermit L. Hall and Kevin T. McGuire (New York: Oxford University Press, 2005) and published as part of the Institutions of American Democracy series, includes essays by leading scholars that place the Supreme Court and its justices in the broader context of judicial behavior and American history and culture. The second edition of *The Oxford Guide to United States Supreme Court Decisions*, edited by Kermit L. Hall and James W. Ely Jr. (New York: Oxford University Press, 2009), is a compilation of short essays by dozens of scholars describing hundreds of the Court's most important decisions. In 1987 Chief Justice Rehnquist published *The Supreme Court*, an account of episodes in the Court's history, its major decisions, and its current operation. The book appeared in an updated edition in 2001 (New York: Random House).

The Supreme Court Compendium: Data: Decisions, and Developments by Lee Epstein, Jeffrey A. Segal, Harold J. Spaeth, and Thomas G. Walker (5th ed., Washington, DC: CQ Press, 2012) contains nearly eight hundred pages of charts and tables answering nearly any data-based question one could think to ask about the Court's history, members, and caseload. It also contains interesting material about the relationship between the Court and public opinion. A book that focuses entirely on the Court and public opinion is Barry Friedman's *The Will of the People* (New York: Farrar, Straus and Giroux, 2009).

The *Congressional Quarterly*'s CQ Press has published several valuable reference books on the Court. The most comprehensive is the two-volume *Congressional Quarterly's Guide to the U.S. Supreme Court* by Joan Biskupic and Elder Witt (3rd ed., 1997). The same authors produced a one-volume version for CQ, *The Supreme Court at Work* (1997).

Although *Inside the Supreme Court: The Institution and Its Procedures* by Susan Low Bloch, Vicki C. Jackson, and Thomas G. Krattenmaker (St. Paul, MN: Thomson/West, 2nd ed., 2009) is intended for law students, it contains selections from many accessible and fascinating secondary sources on such topics as the Supreme Court nomination and confirmation process, the Court's case-selection criteria, and the role of lawyers who argue before the Court.

Two books about the Supreme Court have been major best sellers. *The Brethren: Inside the Supreme Court* by Bob Woodward and Scott Armstrong (New York: Simon and Schuster, 1979) explores the tensions inside the Burger Court. Nearly thirty years later, the success of Jeffrey Toobin's *The Nine: Inside the Secret World of the Supreme*

Court (New York: Doubleday, 2007) showed that the reading public had not lost its appetite for peering behind the velvet curtain.

Although not for the casual reader, the eight-volume *Documentary History of the United States Supreme Court, 1789–1800* (New York: Columbia University Press), edited by Maeva Marcus and published over a nineteen-year period ending in 2004, is such an amazing work that it bears mention here. In reconstructing the Court's first decade through correspondence, notes, and case records, including accounts of the cases the justices decided while riding circuit, the series offers unparalleled insight into the first justices' efforts to build an institution. From vol. 1, pt. 1 of the series, this notation by the Court's clerk, dated February 1, 1790, suggests the challenge that lay ahead: "This being the day assigned by Law, for commencing the first Sessions of the Supreme Court of the United States, and a sufficient Number of the Justices to form a quorum not being convened, the Court is adjourned, by the Justices now present, untill [*sic*] to Morrow, at one of the Clock in the afternoon."

The justices

There are several useful compilations of Supreme Court biographies. A major recent effort is *Biographical Encyclopedia of the Supreme Court: The Lives and Legal Philosophies of the Justices,* edited by Melvin I. Urofsky (Washington, DC: CQ Press, 2006). The standard work of this kind, now in five volumes, is Leon Friedman and Fred L. Israel's *The Justices of the United States Supreme Court 1789–1995: Their Lives and Major Opinions* (New York: Chelsea House, 1995). It concludes with Justice Breyer's arrival, as do two other books: The Supreme Court Historical Society's *The Supreme Court Justices: Illustrated Biographies, 1789–1995* (Washington, D.C.: CQ Press, 1995), edited by Clare Cushman; and *Supreme Court Justices: A Biographical Dictionary* (New York: Facts on File, 2001), edited by Timothy L. Hall.

There are too many biographies of individual justices to list here. Chief Justices Marshall and Warren and Justices Holmes and Brandeis in particular have been the subject of multiple highly regarded biographies. *Scorpions: The Battles and Triumphs of FDR's Great Supreme Court Justices* by Noah Feldman (New York: Twelve, 2010) is a collective treatment of Justices Felix Frankfurter, Robert H. Jackson, William O. Douglas, and Hugo L. Black.

There have been relatively few biographies of more recent justices. *Justice Brennan: Liberal Champion* by Seth Stern and Stephen Wermiel (New York: Houghton Mifflin Harcourt, 2010) is based on the authors' exclusive access to the private papers of their subject, who served thirty-three years before retiring in 1990. *Justice Lewis F. Powell, Jr.* by John C. Jeffries Jr. (New York: Charles Scribner's Sons, 1994) is the life of the justice who served from 1972 to 1987, written by a former law clerk. Another former Supreme Court law clerk, Dennis J. Hutchinson, also wrote a biography of his justice, *The Man Who Once Was Whizzer White: A Portrait of Justice Byron R. White* (New York: Free Press, 1998), taking the unusual approach of illustrating a long (thirty-one-year) Supreme Court career by focusing tightly on three Supreme Court terms, 1971, 1981, and 1991. My own *Becoming Justice Blackmun: Harry Blackmun's Supreme Court Journey* (New York: Henry Holt, 2005) recounts the justice's life and career by relying almost entirely on the massive collection of his papers at the Library of Congress.

Joan Biskupic is the author of two biographies of justices who served into the twenty-first century: *Sandra Day O'Connor: How the First Woman on the Supreme Court Became Its Most Influential Justice* (New York: HarperCollins, 2005) and *American Original: The Life and Constitution of Supreme Court Justice Antonin Scalia* (New York: Farrar, Straus and Giroux, 2009), based in part on extensive on-the-record conversations with Scalia. Justice O'Connor published an engaging memoir of her childhood on a remote Arizona ranch, *Lazy B: Growing Up on a Cattle Ranch in the American Southwest* (New York: Random House, 2002), with her brother, H. Alan Day, as co-author. Justice Clarence Thomas also published a memoir of his pre-Supreme Court life, *My Grandfather's Son: A Memoir* (New York: HarperCollins, 2007). Two reporters from the *Washington Post*, Kevin Merida and Michael Fletcher, published a more comprehensive account of Justice Thomas's career, *Supreme Discomfort: The Divided Soul of Clarence Thomas* (New York: Doubleday, 2007). The publication of *John Paul Stevens: An Independent Life* by Bill Barnhart and Gene Schlickman (DeKalb: Northern Illinois University Press, 2010) coincided with the ninety-year-old justice's retirement after nearly thirty-five years.

There have been several recent treatments of the Supreme Court nomination and confirmation process. Among the best is *The Next*

Justice: Repairing the Supreme Court Appointments Process by Christopher L. Eisgruber (Princeton, NJ: Princeton University Press, 2007), which starts from the unremarkable but often overlooked premise that "[w]ithout a good understanding of what the justices do, Americans do not know whom to choose or how to evaluate the nominees whom presidents propose." The classic work on this subject, *Justices, Presidents, and Senators: A History of the U.S. Supreme Court Appointments from Washington to Clinton* by Henry J. Abraham (Lanham, MD: Rowman and Littlefield), which originally appeared in 1974 under the title *Justices and Presidents,* was published in a fifth edition in 2007.

Public interest in the role of Supreme Court law clerks is reflected in two books: *Courtiers of the Marble Palace: The Rise and Influence of the Supreme Court Law Clerk* by Todd C. Peppers (Stanford, CA: Stanford University Press, 2006); and *Sorcerers' Apprentices: 100 Years of Law Clerks at the U. S. Supreme Court* by Artemus Ward and David L. Weiden (New York: New York University Press, 2006).

The classic study of how the justices select cases and construct the Court's docket is *Deciding to Decide: Agenda Setting in the United States Supreme Court* by H. W. Perry Jr. (Cambridge, MA: Harvard University Press, 1991). Based on extensive interviews by the author, a political scientist, with justices and their clerks (quoted but not identified by name), the book reflects the inner working of the Court of more than two decades ago. But its observations about the Court's internal dynamic nonetheless remain valuable.

There is a large political science literature on how the justices actually decide the cases they have undertaken to review. *The Choices Justices Make* by Lee Epstein and Jack Knight (Washington, DC: CQ Press, 1998) examines strategic behavior among justices as they strive to accomplish their policy goals. *Supreme Court Decision-Making: New Institutionalist Approaches,* edited by Cornell W. Clayton and Howard Gillman (Chicago: University of Chicago Press, 1999) is a collection of essays by different authors exploring aspects of the institutional context in which the justices do their work. Relying less on theory and more on narrative, *Decision: How the Supreme Court Decides Cases* by Bernard Schwartz (New York: Oxford University Press, 1996) uses internal memoranda and unpublished drafts of opinions to provide a series of portraits of the Court at work. A book aimed primarily at a student audience, *Understanding the U.S. Supreme Court: Cases and Controversies* by Kevin T. McGuire (New York: McGraw Hill, 2002), takes an unusual approach, using four cases and two fierce confirmation battles to illustrate how the Court works and the role it plays in American life.

Constitutional interpretation

Books on constitutional theory fill the shelves of law school libraries, and the subject is largely beyond the scope of this book. But neither should we ignore the unusual fact that two sitting Justices have entered the public space—and taken to the airwaves—to debate their distinct visions of constitutional interpretation. Justice Scalia went first with his *A Matter of Interpretation: Federal Courts and the Law* (Princeton, NJ: Princeton University Press, 1997). Justice Breyer followed, first with *Active Liberty: Interpreting Our Democratic Constitution* (New York: Knopf, 2005) and then with *Making Our Democracy Work: A Judge's View* (New York: Knopf, 2010).

A short yet comprehensive introduction to the main topics and debates in constitutional law is *Constitutional Law* by Michael C. Dorf and Trevor W. Morrison (New York: Oxford University Press, 2010) in the Oxford Introductions to U.S. Law series. At much greater length, a useful overview of how constitutional doctrine has developed through Supreme Court decisions is *Constitutional Law for a Changing America* by Lee Epstein and Thomas G. Walker (Washington, DC: CQ Press, 6th ed., 2007). Though intended for the undergraduate classroom, its two volumes, *Rights, Liberties, and Justice* and *Institutional Powers and Constraints*, are amply sophisticated to satisfy other readers. The authors provide helpful context, from secondary sources and their own explanations, for the many opinions the book excerpts.

Websites

The Court's own website, *www.supremecourt.gov*, is a user-friendly, continually updated source of information. Opinions and orders are posted within minutes after they are issued. In all cases accepted for argument, briefs are posted through a collaborative arrangement between the Court and the American Bar Association. The site includes argument schedules as well as an electronic docket that is rich in information about the status on pending petitions for certiorari, the dates when various briefs are due to be filed, as well as the ultimate disposition of each case. Transcripts of oral arguments are posted several hours after the argument has concluded. Every Friday of a week during which the justices are sitting, the Court posts the audio of all arguments heard during that week.

The website of the Oyez Project, *www.oyez.org*, maintained by the Illinois Institute of Technology/Chicago-Kent College of Law, is a free resource with a wide variety of current and historic materials, many in multimedia format. Another free site, Scotusblog, *www.scotusblog.com* ("Scotus" is a widely used acronym for "Supreme Court of the United States") analyzes recent opinions, posts recently filed cert petitions, and provides a daily compilation of news and commentary about the Court. The Findlaw site, *http://supreme.lp.findlaw.com/index.html*, while not as assiduously updated as Scotusblog, is also free and provides the text of opinions dating to the late nineteenth century.

“牛津通识读本”已出书目

古典哲学的趣味
人生的意义
文学理论入门
大众经济学
历史之源
设计，无处不在
生活中的心理学
政治的历史与边界
哲学的思与惑
资本主义
美国总统制
海德格尔
我们时代的伦理学
卡夫卡是谁
考古学的过去与未来
天文学简史
社会学的意识
康德
尼采
亚里士多德的世界
西方艺术新论
全球化面面观
简明逻辑学
法哲学：价值与事实
政治哲学与幸福根基
选择理论
后殖民主义与世界格局
福柯
缤纷的语言学
达达和超现实主义
佛学概论
维特根斯坦与哲学
科学哲学
印度哲学祛魅
克尔凯郭尔
科学革命
广告
数学
叔本华
笛卡尔
基督教神学
犹太人与犹太教
现代日本
罗兰·巴特
马基雅维里
全球经济史
进化
性存在
量子理论
牛顿新传
国际移民
哈贝马斯
医学伦理
黑格尔
地球
记忆
法律
中国文学
托克维尔
休谟
分子
法国大革命
丝绸之路
民族主义
科幻作品
罗素
美国政党与选举
美国最高法院
纪录片
大萧条与罗斯福新政
领导力
无神论
罗马共和国
美国国会
民主
英格兰文学
现代主义
网络
自闭症
德里达
浪漫主义

批判理论	德国文学	儿童心理学
电影	戏剧	时装
俄罗斯文学	腐败	